教育部人文社会科学研究项目资助(15JDSZK026)
山东大学青年学者未来计划项目资助(2016WLJH19)

对历史唯物主义的存在论新探

夏巍　著

山东大学出版社

图书在版编目(CIP)数据

对历史唯物主义的存在论新探/夏巍著. —济南：山东大学出版社，2018.11
ISBN 978-7-5607-6247-0

Ⅰ.①…对 Ⅱ.①夏… Ⅲ.①历史唯物主义—存在—研究 Ⅳ.①B03

中国版本图书馆 CIP 数据核字(2018)第 290201 号

策划编辑:武迎新
责任编辑:武迎新
封面设计:张　荔

出版发行:山东大学出版社
　　社　址　山东省济南市山大南路 20 号
　　邮　编　250100
　　电　话　市场部(0531)88363008
经　　销:新华书店
印　　刷:济南新科印务有限公司
规　　格:850 毫米×1168 毫米　1/32
　　　　　8.25 印张　150 千字
版　　次:2018 年 11 月第 1 版
印　　次:2018 年 11 月第 1 次印刷
定　　价:30.00 元

重释历史唯物主义是当代学术思想的使命

（代 序）

如何认识今天的资本主义及其变化趋势——在西方国家中的和在非西方国家中的——是当代学术思想的一个焦点。在这个焦点上，马克思学说构成了一个不可或缺的认识参考系或思想资源，这一点是公认的。人们无法避开马克思的《1844年经济学哲学手稿》《共产党宣言》《资本论》等著作。20世纪以来，人们运用马克思学说去分析和评判当代人类状况，一方面确认了这门学说（其主体是历史唯物主义）所包含的深刻见解；另一方面又指认了它的不足：不足以借助它来分析和讨论资本主义当代形态所带来的当代社会的新格局（包括政治、经济和文化等几个层面），尤其是不能借助它来发现资本主义自我扬弃的辩证法在当代状况中的真实存在，而这种辩证法是马克思在其著作中着力阐明的。于是一种矛盾的心情由然而生：一方面是对资本主义作出如此深刻剖析（其深刻程度迄今未被超越）的学说，为何不能指引我们发现当代状况的出路呢？另一方面便是扔掉它，另创学说。但这种选择只是证明了思想的不彻底性。还有一种选择，就是立足于当代状况所提出的问题，对马克思本人的历史唯物主义重加研究。由于这一选择，自然而然地形成了当代马克思主义研究的思想舞台。这个舞台吸引了许多勤奋的、能思维的头脑。这舞台由来已久，其主角是"西方马克思主义"。

中国的马克思主义研究者也从未放弃过这种努力，追求真理的热情使他们不能不关注在西方当代状况中形成起来的马克思主义研究及其成果。这种关注带来了他们自己的作品，其数量不小，其中有相当一部分是以与西方马克思主义对话的形式出现的。摆在读者面前的这部专著就是其中之一。

《对历史唯物主义的存在论新探》是这部专著的标题。这个标题本身就足以引起我们的关注。存在论研究是哲学中涉及问题之根本的探讨。本书以此为目标，是有理论勇气的表现。笔者高度认同这个目标。在笔者看来，马克思本人的历史唯物主义，并非仅仅是一种社会历史理论，就其思想性质而言，原本就是在存在论层面上的。如果说马克思是有哲学的（尽管他本人常把"哲学""哲学家"当贬义词用），那么他的哲学就是经由他本人发动哲学革命之后形成的新哲学,这门新哲学就是历史唯物主义。或者,可以更明确地说,历史唯物主义就是马克思哲学之主体。从本书的论述来看,著者应该是同意这个观点的。因此,对历史唯物主义的存在论探讨,其实就是阐发历史唯物主义的存在论内涵。

阐发历史唯物主义本身的存在论思想,对于揭示历史唯物主义的当代意义,至关重要,因为这是回答关于马克思学说(特别是他的《资本论》学说)是否对当代状况的探讨具有根本上的启发意义这一问题的关键。只有到了这一问题得到了肯定的回答的时候,当代人才可算得上真正获取了马克思所留下的精神财富。

为什么这么说呢?我们可以在马克思学说的形成史中看到这一点。马克思是在对资本主义的科学——政治经济学——进行研究的过程中发现了这门科学本身的存在论前提(近代理性形而上学)的,这使他认识到,他本想从中找到解剖市民社会的钥匙的这门科学本身应当被批判。这样,马克思对政治经济学的批判同时也成了对近代形而上学的批判,从而一场存在论上的革命便成了其题中应有之义。因此,政治经济学之批判与历史唯物主义之创立,二者是同步的。这一马克思思想发展史的事实告诉我们:马克思是在存在论的层面上批判资本主义的,是对资本主义的有原则高度的批判,这种批判本身要求存在论革命。这种批判的存在论性质在马克思后来写作的《资本论》第一卷第一章

第四节“商品的拜物教性质及其秘密”中也得到了鲜明的体现。与此同理，马克思也在存在论的视域中发现了“黑格尔站在现代国民经济学家的立场上”：黑格尔唯一知道并承认的劳动是抽象劳动，所以他必然会确认抽象劳动对具体劳动的统治，而这种统治从其存在状况的性质上来说，就是抽象劳动的主体化。同样发现了这一点的海德格尔在《关于人道主义的书信》中说：“劳动的新时代的形而上学的本质在黑格尔的《精神现象学》中已预先被思为无条件的制造之自己安排自己的过程，这就是通过主观性来体会的人来把现实东西对象化的过程。”因此，本书的作者把对历史唯物主义的存在论研究定为主题，是颇具理论眼光的。

本书的作者采取了如下路径来探讨历史唯物主义的存在论思想：

首先，说明历史唯物主义并不是在近代哲学范围内的又一种历史哲学。作者主要通过对德国古典哲学从康德到黑格尔的历史哲学思想的要义之回顾，比较了马克思的历史存在论思想，指出唯有历史唯物主义才真正做到了使历史性存在成为存在论的主题，而这用海德格尔对马克思的评价来说，就是“在存在中认识到历史事物的本质性”，而不是在理性的逻辑中把握事物的历史性。

其次，本书的作者通过马克思“在感性辩证法中把握历史”说明了“历史唯物主义的科学性”。这里所谓“历史唯物主义的科学性”，在本序笔者看来，应是指历史唯物主义存在论思想本身导向一种新型的科学，马克思称这种科学为“历史科学”。“历史科学”的观念本身包含了历史唯物主义对现今一切科学(从自然科学到社会科学)的批判态度。与此相关的论述，我们可以在马克思的原著中读到。而历史科学的第一个实例便是《资本论》学说本身。这第一门历史科学的名称，正如《资本论》的副标题之所示，乃是“政治经济学批判”。

随后，本书作者以“劳动”为历史唯物主义的基础性概念，对其作了存在论上的阐明，以便有说服力地回应海德格尔、阿伦特、鲍德里亚、哈贝马斯等四位哲学家围绕马克思的劳动概念对历史唯物主义所作的批评。这一部分构成了本书对历史唯物主义存在论思想讨论的核心内容。

最后，本书作者选取法兰克福学派中两位重要的哲学家——哈贝马斯和本雅明与历史唯物主义的思想关系，作为讨论的对象，借以呈现历史唯物主义当代研究中的几个关键性难题。这一部分具有哲学对话的性质，既清晰地摆明了这两位哲学家从历史唯物主义那里得到的基本启发，以及他们对历史唯物主义的疑惑和批评，又提出了本书的作者自己对这些批评所作的批评，以此彰显历史唯物主义存在论视域的展开在当代的迫切性。不过，也正是在这种对话方式中，隐藏着某种“批评的循环”，即，在对批评的反批评中先已包含了为原先的批评所否弃的东西。然而，这也恰恰使得这一部分成为本书中最能引发读者深思的部分。

如何走出这种批评的循环？笔者愿意在此不揣浅陋地指出两个关系到如何把握历史唯物主义思想的原则问题，以期引起广大读者的讨论。

1. 如果我们应当高度重视哈贝马斯提出的关于“系统和生活世界”两者分离的理论，借以把握当代社会的异化特征，那么在这一理论中隐藏着的两个前提，是必须先予揭明和讨论的：其一，在当代状况中，从生活世界中分离出来的资本系统（其媒介是货币）和政治系统（其媒介为权力），均为自律的系统，即，逻辑上自洽的系统。其二，只要能够抵挡住系统对生活世界的“殖民”，生活世界就能通过交往理性而实现自身的整合。这两个前提成立吗？先看第一个前提。只有经济学家和政治学家才这样看。经济学的前提正在于把资本主义生产关系视为一个逻辑上自洽的系统，因此，经济学理论的重大的科学价值在于：描述出这个系统，以便当现实的经济生活出离这个系统时，可以予以及时的纠正。资本主义发展迄今为止的历史不断地证明这只是属于经济学的理论幻觉。每一次经济危机（包括生产过剩危机和金融危机）都表明资本系统的非自洽性。在“资本系统”中活跃着的东西始终是超越这个系统的感性交往冲突（即阶级斗争）。马克思在《1857～1858年经济学手稿》中明确地揭示了资本主义生产的四个内在界限：(1)必要劳动是活劳动能力的交换价值的界限，即工资的界限。(2)剩余价值是剩余劳动和生产力发展的界限，即，是人类文明所需的劳动积累和感性财富之增长的界限。一旦生产突破此界限,一定导致生产过剩危机,从而引发对既得的生产力的破坏。(3)货币是生产的界限,亦即,一旦突破此界限,必然发生更加深刻的经济危机——金融危机。(4)使用价值的生产受交换价值的限制,亦即,社会感性财富的生产脱离人的真实的感性需要,而仅仅充当交换价值增殖的载体,这就必然引发"生活世界"对"资本系统"及"政治系统"的解构。马克思所揭示的资本主义生产的这些内在界限,正是对资本系统的非自洽性和它的自我否定性质的指认。

再看第二个前提。一个始终需要抵抗系统"殖民"的生活世界如何可能在自身内部实现可消解冲突的交往理性?如此一问,答案自明。

2.历史唯物主义是否以"类存在"概念否定了个体的独特性以及忽视了个体与个体之间的交往关系,亦即,如哈贝马斯所认为的那样,历史唯物主义把历史描述为类的历史的发展过程?

这也是一个关系到对历史唯物主义的理解的原则问题。对这一问题的回答明见于马克思的原著中。在历史唯物主义的开创之作《德意志意识形态》中有这样的表述:"语言是一种实践的、既为别人存在因而也为我自身而存在的、现实的意识。……凡是有某种关系存在的地方,这种关系都是为我而存在的……因而,意识一开始就是社会的产物。"在这样的论述中,语言的存在论性质被揭示出来:语言就是个体之间的感性交往，而且正是在感性交往中个体才成其为“我”，因而具有独特的个性，而不是抽象的类的一个可被感知的样本。对马克思哲学文本的阅读要求一种存在论上的细心。在马克思的论述中，“社会”一词，在其存在论含义上，乃是一个动词，而不是名词，这个词所表达的社会并不是实体，而是活动，即，人与人之间的感性交往。因此，“意识一开始就是社会的产物”这句话应读为“意识一开始就是感性交往的产物”。马克思并没有把人的类存在看作是历史的主体，而是把形成、发展出人的类存在的感性交往看作是历史的主体：历史就是在感性交往中生成着真正的人类社会的过程。这种生成人类社会的力量乃是感性的力量，不是观念的力量，至于它获得了“观念的力量”之外表，这只是它之异化所采取的社会意识形式。至于异化这一感性的权力关系本身，则是不可能为“交往理性”所克服的。

笔者认为，以上所论的这两个原则问题都应当得到广泛的讨论，因为它们充分地关涉到了历史唯物主义对于认识当代人类状况是否具有理论生命力的问题。

最后，笔者相信，这部专著的出版，在历史唯物主义的当代研究中，是一个富于意义的事情。

王德峰

2018 年 10 月

目　录

导 言

一、问题的提出

古往今来，人们对历史的追问与思索经久不息，这不能不说是对整个人类切身命运的关注使然。把捉芸芸众生的历史轨迹，洞悉宏大历史事件的奥妙，发掘通达未来的解放潜能，这是人为自身本己的探索之旅。正如柯林武德在其《历史的观念》中所言："它告诉我们人已经做过什么，因此就告诉我们人是什么。"[①]

从西方思想史的谱系来看，历史学和历史哲学早在马克思的历史唯物主义学说创立之前，对历史问题的研究就已十分深入与细致。作为耕耘于这片思想领域的两个重要

① [英]罗宾·乔治·柯林武德:《历史的观念》，何兆武等译，商务印书馆 2004 年版，第 38 页。

的知识门类，它们的确提供了对历史认知重要的理解和反思路径，同时也构成了马克思的历史唯物主义学说出场所无法绕过的思想前件。

历史唯物主义学说是马克思标志性的思想，是他毕生致力于研究以奉献给世人的最宝贵的精神财富。历史唯物主义并未沿着以往历史研究所历经的任何一条道路前行，而是独辟蹊径，以一种崭新的诠释历史的思想学说的面貌呈现在世人面前。正是在对以往历史学经验实证的研究路线和历史哲学思辨地把握现实的批判，尤其是在对黑格尔历史哲学的反叛当中，历史唯物主义开启了通达诠释历史的崭新路径，成为人类思想史上具有里程碑意义的文明成果。

也许有人会不禁要问：为什么说马克思对历史的研究与历史学和历史哲学都有所不同呢？难道它们之间就没有相似性吗？在对马克思的历史唯物主义研究的诸多观点里，我们时常看到的是，马克思似乎保持着与历史学和历史哲学思想上的瓜葛。人们往往认为历史唯物主义是一种主张线性历史进步论的历史哲学，暗含着历史目的论、历史决定论的倾向，其研究的路径与方法流于历史实证主义和历史客观主义。事实上，这都是打上了知性科学解读烙印的历史唯物主义，或者说，是被人戴上了“面具”的历史唯物主义。这种对历史唯物主义的认知和理解存在于马克思生活的时代，同样也在现今的时代存续并依然活跃着，可以说这是对历史唯物主义的误读和曲解,从它诞生之日起就未曾中止过。

倘若不能澄清历史唯物主义与以往的历史研究在根基处的本源差异,就不能说已经对马克思的思想确实有了一个正确的认识。再进一步说,这也就无法领会,就一种知识形态而言,历史唯物主义的科学性究竟是什么意义上的科学性?为什么说历史唯物主义在当代仍然洋溢着旺盛的生命力?这些问题的答案都需要回到这个最根本的问题上,对其加以澄清之后,才能对其他问题作出应答。

马克思的历史研究不同于建立在经验基础之上的、记载和复述历史上具体事件、人物、运动的一般的历史学,它并不是一种对历史的经验的实证科学式的研究。马克思所要描述的是作为"真正的实证科学"的对象,这个对象在经验的实证科学式的研究那里未曾真正地出现过。不仅如此,在马克思这里,描述的主体、方法以及路径都与历史学有着根本上的差异。

如果说马克思是在哲学论域中对历史展开的探索,那么与历史哲学的研究路径相比较的向度应是要格外认真考量的方面,从中更能捕捉马克思思想的独特品质。

西方历史哲学的创始人维柯试图从哲学层面认识和理解历史,从宏观上整体地把握历史。其实早在中世纪,历史学家就已经以宏观的方式领会历史了。不过在他们的解释当中,上帝的意旨是历史的主宰,具有绝对的权威性。每一个具体的历史事件背后都隐含着它，借助于对上帝的这种信仰，人们对历史有了整体性的观念。然而这一历史观展现的仅仅是上帝意旨构成的历史。文艺复兴和启蒙运动以来，西方人逐渐摆脱了这种神意的绝对统治，开始有了上帝创造了自然，人则创造了历史，历史的奥秘可以为人所把握的观念。维柯在这一致思路向上，提出了理性是人成其为人的真正本质，因而人不仅能够自己创造历史，而且还能认识和把握它的观点。他认为人类历史是人的激情、欲望服膺于历史自身理性目的的一个逐渐摆脱蒙昧和野蛮而迈向文明的征程。

维柯之后，历史哲学的演进都遵循了他所开辟的路向。及至康德，他进一步发挥了整个启蒙时代的历史观点，建立了具有批判哲学特色的历史哲学。康德认为，历史领域有其独特性，它是以自由现象为标志的领域，人们无法从自然规律的角度认识和理解人类历史，却可以从目的论的视角发现一部"预测的人类史"。于是，在历史学中康德提出了一种哥白尼式的转向，即依据目的论的观点来寻找这一引导历史发展和普遍历史展开的先天线索。"普遍历史的理念"就是康德提供的研究历史所必须具备的主观思维方式，是人们依据一个先天的理念来理解整个人类历史的出发点，它给人们提供一个先天的线索以把握人类历史进程的全部景况。在此理念的把握中，人类历史是人的自由意志逐步完善、先天的自然禀赋逐步发展的过程，是合规律性与合目的性的统一。“普遍历史的理念”作为一种理想和希望，成为人类现实行动的义务，从而鞭策人们不断趋向它而努力。最终，不是历史理念决定历史的进程，而是人的自觉的道德行动推动人类历史不断向前发展。这样，康德就将历史乐观主义的态度转化为一种道德义务或责任。

从本质上来说，康德“这种历史目的论眼光并不是对自然或历史事物本身的一种认识，而只是一种‘反思性的判断力’，即从历史现象中反思到我们主体本身的某种精神结构，也就是道德结构”①。历史的真实内容与理性的先验本质，在康德的历史哲学中，事实上是始终处在一种外在的关系当中的。

尽管从17世纪开始，许多哲学家都研究过历史哲学的相关问题，然而他们的历史哲学并未形成一个系统而完善的理论体系。第一位对历史哲学进行系统性研究的哲学家是黑格尔。在《历史哲学》这部著作中，他探究了历史的基础、目的以及历史的必然性等问题，对历史哲学的对象、性质、作用等方面都作了深入而全面的阐释。他认为，历史哲学的研究对象是世界历史本身，研究它的根本目的在于把握历史的客观规律。更为重要的是，在充分发挥了启蒙运动的进步观念和康德先验的自由概念的基础上，黑格尔进一步彰显了人类理性之于历史的根本意义：世界历史的真正基础是理性精神，理性精神不仅是人类精神自身的而且

① 邓晓芒：《论历史的本质》，《社会科学论坛》2012年第5期。

还是客观世界的内在本性。世界历史实际上就是理性精神自我认识的一个展开过程。自然界没有历史，它仅仅作为人类历史形成之前的一个准备而存在，一切历史都是精神的历史。在历史的发展过程中，自然界也在发挥作用，那就是体现在人身上的非理性的力量，例如热情、利益，它们是理性精神实现世界历史计划中的工具，成为世界历史发展的杠杆。

这样，黑格尔的确将历史视作是一个客观的发展过程来理解和把握，历史因此就具有了客观规律的外表，然而这个规律却是先于历史过程而存在的绝对计划。世界历史在黑格尔这里，归根结底就是一个合乎辩证逻辑的过程，是理性的自我外化、自我否定、自我复归的过程，黑格尔在理性精神的辩证运动中完成了对人类历史的思辨表达。

马克思的历史唯物主义与黑格尔为代表的整个历史哲学都存在着本原上的差异，正是在对黑格尔的历史哲学深刻批判的基础上，马克思开启了独特的研究视域和研究方法。不是在近代形而上学的建制当中言说历史，对历史进行思辨的探讨，而是将“历史”纳入到存在论之中，马克思以一种崭新的历史本体论即历史存在论对历史展开诠释，从人类的存在方式去把握历史，真正深入到历史的本质之中，开辟了从近代认识论转向真正的历史本体论的先河。

谈论他的历史存在论，需要首先澄清一个起始性的且极为关键的问题，即历史性问题。

何谓历史性？海德格尔的一段论述对理解这个问题会有所启迪："因为马克思在体会到异化的时候深入到历史的本质性的一度中去了，所以马克思主义关于历史的观点比其余的历史学优越。但因为胡塞尔没有，据我看来萨特也没有在存在中认识到历史事物的本质性，所以现象学没有、存在主义也没有达到这样的一度中，在此一度中才有可能有资格和马克思主义交谈。"[①]海德格尔在这里提及的"历史事物的本质性"指的即是历史性。当历史维度在人类的知识形态中出现时，历史性便出现了。借助海德格尔的叙述，我们可将历史性理解为事物作为"历史"事物的本质性，即事物的"历史"的特征。或者说，事物在历史中现实地存在的特性。既然时间上是"历史的"，也就存在一个过去曾发生过的现象和事件的真实性和客观性的问题，因而对历史事实是否具有真实性、客观性的追问就自然寓于对历史事物的本质性的探索当中。

在马克思看来，黑格尔的历史哲学并没有真正认识到，或者说他的这种理论无法表达出这一历史性。黑格尔的确洞穿了历史事物的这种本质性，但是他所理解并表达的历史性并不真实，换言之，作为历史的事物的本质性在黑格尔这里没有立足的根基。

将这个历史性建立在真实的根基之上，不再使它飘浮

① ［德］马丁·海德格尔：《海德格尔选集》（上），孙周兴译，三联出版社 1996 年版，第 383 页。

于空中，是马克思在历史唯物主义学说中得以实现的。马克思要追问作为历史的事物的本质性的起源，亦即它的现实基础。在马克思看来，发现了这个现实基础，事物的客观性亦即实证主义的科学家、思辨哲学家眼中的每个具体的“社会事实”背后的那个现实生活的真相就会浮现出来。这样，马克思对历史性成立的根基的探讨即是将“历史”植入“存在论”的视域之中，关于历史性的探讨就转化为对历史事物的真实起源的发现。

这种发现是马克思考量了历史研究对象的独特性的结果。虽然黑格尔也同样发现了事物的历史性的特点，然而他最终还是没有能够将它恰当地呈现出来。那么黑格尔究竟是在哪个环节出现了问题？马克思认为，症结在于黑格尔将历史的研究变成了对整个人类历史的哲学的思辨。黑格尔的确超越了康德，因为他在认可先验性的同时也力图把历史性融合了进来，并将两者很好地结合在一起。其中他运用了一个关键性的环节，即辩证逻辑。辩证逻辑的创造使黑格尔首次将“历史”置于本体论的境域之中，然而令人遗憾的是，他的这种建构最终还是流于以逻辑牺牲历史的结局，因为他把各种社会历史事件和现象的本质都追溯到精神这一根源之上，历史变迁的革命性因素都归结为理性精神本身所具有的辩证性质。理性精神既是人类自身的特质，也是客观世界的内在本性。由于其具备辩证性质，它必定在自己诸环节的范畴中展现其内容，客观世界的每个事物都成为呈现理性精神的每一个环节。归根结底，世界历史就是一个合乎辩证逻辑的过程。马克思指认出这种历史哲学的本质："仅仅是哲学的历史，即他自己的哲学的历史。"[①]这一历史观的致命之处在于"他是从思维范畴自身固有的辩证法来认识历史事物的本质性的"[②]。因而，黑格尔没有做到将历史性真正地落实展现在哲学当中。

以黑格尔为代表的历史哲学在探究历史问题的致思路向上都贯穿着理性的主导作用，在马克思看来，就其本质而言，这是唯心主义的历史观。它所认识的历史，"还不是作为一个当作前提的主体的人的现实历史"[③]。这即使黑格尔试图将历史植入存在论，然而最终呈现出历史真相的却是马克思的独特贡献，这也是他的历史唯物主义学说完成历史存在论建构的关键之处。

马克思在其全面详尽地阐发历史唯物主义思想的《德意志意识形态》一文中有一段十分精彩且经典的论述，这是他对一切思辨的历史研究展开深刻的批判，并指明关于历史研究应有原则的极为重要的论述：

> 只要描绘出这个能动的生活过程，历史就不再像那些本身还是抽象的经验主义者所认为的那样，是一

① 《马克思恩格斯选集》第1卷，人民出版社2012年版，第141页。

② 王德峰：《在当代境况中重读历史唯物主义》，《云南大学学报(社会科学版)》2015年第4期。

③ 马克思：《1844年经济学哲学手稿》，人民出版社2000年版，第97页。

> 些僵死的事实的汇集，也不再像唯心主义者所认为的那样，是想象的主体的想象的活动。在思辨终止的地方，在现实生活面前，正是描述人们的实践活动和实际发展过程的真正实证的科学开始的地方。关于意识的空话将终止，它们一定会为真正的知识所代替。对现实的描述会使独立的哲学失去生存环境。[1]

这里所说的“关于意识的空话”[2]、“独立的哲学”[3]，指的都是同一个对象，即思辨哲学。马克思指明了结束这种思辨哲学的地方是“在现实生活面前”[4]。“现实生活”指的是人们的实际生活过程。马克思还使用了它的一个同义词，即与黑格尔的“抽象的自然界”相对的“现实的自然界”[5]。在西方的传统观念之中，无论是基督教的造物主和被造物之间的二元结构中，还是近代启蒙思想的人与自然界的二元对立中，自然的价值都在于它的被需要，它始终是被认识和征服的存在。在康德那里，自然领域和人类历史领域被作了严格的区分，黑格尔虽然“把自然和人类历史置于一个大历史的两个不同阶段上来考察”[6]，但是自然界在他这里也只是为人类历史做准备的一个阶段，本身毫无历史可言。

---

① 《马克思恩格斯选集》第1卷，第153页。

② 《马克思恩格斯选集》第1卷，第153页。

③ 《马克思恩格斯选集》第1卷，第153页。

④ 《马克思恩格斯选集》第1卷，第153页。

⑤ 马克思：《1844年经济学哲学手稿》，第89页。

⑥ 邓晓芒：《论历史的本质》，《社会科学论坛》2012年第5期。

到了马克思这里，人就被看作是置身于自然环境中的一部分，自然与人类社会不可分割。他说："自然界，就它自身不是人的身体而言，是人的无机的身体。……所谓人的肉体生活和精神生活同自然界相联系，不外是说自然界同自身相联系，因为人是自然界的一部分。"①没有脱离自然的人，也没有脱离人的自然，只有人和自然的统一，即"自然界的人的本质，或者人的自然的本质"②。因而自然史与人类史是同一部历史，"在人类历史中即在人类社会的形成过程中生成的自然界，是人的现实的自然界"③。恰恰是洞悉了两者之间的统一性，马克思能够将黑格尔虚假的历史性转变为具有现实基础的真实的历史性。

马克思认为，理解历史应坚持自然史与人类史相统一的原则，任何脱离历史谈自然或脱离自然谈历史的说法都是说着"意识的空话"。历史研究的根基就在"现实的自然界"这一自然史和人类历史相统一的同一部历史当中，它是人类的感性实践活动及其历史运动过程。需要加以说明的是，在马克思这里，实践指的是人与自然相统一的关系中建构出人类社会关系的"感性活动"，即劳动。在人类思想史上，马克思开创性地赋予了劳动以建构社会关系的感性活动的实践内涵，并将其作为构建历史存在论的基石。正是

① 马克思：《1844年经济学哲学手稿》，第56～57页。

② 马克思：《1844年经济学哲学手稿》，第89页。

③ 马克思：《1844年经济学哲学手稿》，第89页。

人们的劳动及其所建构的社会关系所形成的这个“现实生活”，才是一切科学的源始出生地，思辨知识在它面前即刻失去了生成的可能性。

由理性范畴所建构起来的社会“事实”所形成的客体世界，事实上根源于这个“现实的自然界”，然而在思辨知识的传统之中，这个客体世界反倒取得了本质真相的地位。在马克思看来，恰恰是这个本真的“现实的自然界”才是一切以理性法则所构建的科学的真正基础，理性知识的对象与目的皆是从中产生出来。[①]

鉴于此，马克思主张正确的研究路径应去描述这个现实生活即“现实自然界”。理论主体不应是脱离历史的抽象自律的意识主体，而是本身处在现实的历史运动和真实的生活实践关系中的感性意识的主体。他是现实生活过程中的实践意识的自觉表达者，因此能在这种生活本身中形成批判的要求并影响社会的发展进程。“只要描述出这个能动的生活过程”[②]，历史就不再是“想象的主体的想象活动”[③]，也“不再像那些本身还是抽象的经验主义者所认为的那样，是一些僵死事实的汇集”[④]。所谓“想象的主体的想象活动”，指的即是以黑格尔为代表的唯心主义历史观。这里

---

① 参见夏巍：《历史唯物主义对传统认识论的根本批判》，《学术研究》2011 年第 2 期。

② 《马克思恩格斯选集》第 1 卷，第 153 页。

③ 《马克思恩格斯选集》第 1 卷，第 153 页。

④ 《马克思恩格斯选集》第 1 卷，第 153 页。

的“僵死的事实”是由理性范畴所建构起来的经验“事实”，它们归属于不同的事实领域，是不同的实证科学所研究的对象。而经验的实证科学，就其本质而言，不过是思辨知识的经验形态，因为正是思辨知识为其廓清研究领域，使其获得了自己的研究对象。无论是思辨唯心主义者还是经验的实证主义者，他们都并不认为自己说的是“意识的空话”，以为述说的就是客观的事实。但是实际上，“历史”在他们那里都同样是“想象的主体的想象活动”①，换言之，归根结底，两者提供的都是思辨的历史知识。再进一步说，更深层次的原因在于，在两者思想的深处都分享了同一个理论根源，即理性形而上学。理性形而上学是对资本时代以来现代性状况的理论表达，它将异化的社会状况通过理论的异化形式表现了出来。因而，经验的实证科学和思辨哲学这两种知识类型由于与人的感性生存相分离，在其本质上都是一种异化的理论形态。马克思的历史存在论开辟了一条崭新的研究路径，正像他所指明的那样：“凡是把理论诱入神秘主义的神秘东西，都能在人的实践中以及对这种实践的理解中得到合理的解决。”②这里所说的“神秘东西”指的是人类感性实践活动异化的产物。在马克思看来，异化的扬弃也唯有在感性实践活动当中才能实现。也就是说，无论如何都要回到现实生活面前，正是范畴规定之前的实践活动

① 《马克思恩格斯选集》第1卷，第153页。

② 《马克思恩格斯选集》第1卷，第139～140页。

及其历史运动过程，才是真正的社会现实的发源地，唯有深入其中才能真正说明事实的本质来历及异化的根源。

与思辨哲学呈现出的思辨历史不同，马克思所理解的历史，“并不是把人当作达到自己目的的工具来利用的某种特殊的人格。历史不过是追求着自己目的的人的活动而已”[①]，历史的主体是“现实的个人”[②]，这个“现实的个人”不在理性范畴的规定性之中，而是包括了人类的感性活动和物质生活条件，即“我们开始要谈的前提不是任意提出的，不是教条，而是一些只有在臆想中才能撇开的现实前提”[③]，换言之，历史唯物主义从历史哲学在臆想中撇开的现实前提出发去理解历史。由此，人类的历史是人的“能动的生活过程”[④]，这是人与自然界在人的实践活动中被改变的历史，是自然界向人生成的历史，同时又是人类社会产生的同一部历史：“整个所谓世界历史不外是人通过人的劳动而诞生的过程，是自然界对人来说的生成过程。”[⑤]

马克思在人类的感性实践活动及其历史运动过程这一“存在”中指认出了事物的“历史性”，将历史性真正落实到哲学当中，而唯有历史性确立起来的历史研究才称得上是真正科学的研究。历史唯物主义由此就不仅仅是一种历史

---

① 《马克思恩格斯全集》第 2 卷，人民出版社 1957 年版，第 118 页。

② 《马克思恩格斯选集》第 1 卷，第 146 页。

③ 《马克思恩格斯选集》第 1 卷，第 146 页。

④ 《马克思恩格斯选集》第 1 卷，第 153 页。

⑤ 马克思：《1844 年经济学哲学手稿》，第 92 页。

观，而且是一种建立在感性实践活动之历史性基础上的存在论。在这一崭新的视域中，劳动即"实践"是建构人类世界的根基。只有从实践出发而不是从意识本身的辩证运动出发去阐明观念和知识的形成过程，才能揭开思辨范畴对生活世界的形而上学的遮蔽，使建立在理性法则基础之上所构建起来的科学研究的真正基础即"现实的自然界"真正呈现出来，从而阐明事物的本质，形成真正的知识。[①] 我们可以用马克思自己的表述来总结他的思想：

> 由此可见，这种历史观就在于：从直接生活的物质生产出发阐述现实的生产过程……这种历史观和唯心主义历史观不同，它不是在每个时代中寻找某种范畴，而是始终站在现实历史的基础上。不是从观念出发解释实践，而是从物质实践出发来解释各种观念形态。[②]

马克思对历史的研究，实际上同时规定了他所期许和建构的新知识的一系列基本原则和方法。他将对历史性的探讨转化为对历史事物的真实起源的发现，进而也就将对"历史是什么"的追问转化为对真正具有科学性的知识的探讨，历史唯物主义就成为规定新知识性质、原则及方法的思想视域。马克思要求在这一视域当中领会历史实践的真实内容及其发展趋向，并能够将其准确地表达和呈现在世人

① 参见夏巍：《重思马克思的"逻辑与历史相统一"——基于历史存在论的考察》，《理论探索》2018年第4期。

② 《马克思恩格斯选集》第1卷，第171～172页。

面前。总之，在马克思这里，"'历史的'一词就不再只是一个区分不同学科的限定词，而是描述一切科学的一个普遍的性质的概念，因而具有了方法论的甚至某种逻辑（辩证逻辑）的含义"①。

事实上，马克思终其一生都在探求一门关于人类生存之历史性的具有真正科学性的学问，他称之为"历史科学"。在他看来，以往知识的基础都是以理性为根基的，而他要构想出一门以感性为基础、表达历史性实践的真正的实证科学。它既不是历史学，也不是历史哲学，而是对于未来科学性质的一种表达的历史科学。它能够为现今所有科学奠定坚实的理论根基，并足以廓清科学研究的具体路径。历史唯物主义即是这一历史科学的雏形，它包含了历史科学的所有萌芽性思想，换言之，人类知识的真正性质与任务在历史唯物主义这里都已得到了概括性的表述。尽管历史科学未能在马克思生前得以实现，但是历史唯物主义已经在其发现新科学的道路上开展了具有开创性和奠基性的工作。对于今天人类所陷入的文明危机的本质来历，历史唯物主义提供了迄今为止最为深刻的分析，不仅如此，它还澄清了当代社会科学研究的理论基石与发展路径。可以说，历史唯物主义本身已经是具有真正的科学性的理论学说，或者说，科学性是其最本质性的特点。

在历史唯物主义这里，就其展示的历史本身而言，"是为

① 邓晓芒：《论历史的本质》，《社会科学论坛》2012 年第 5 期。

了使‘人’成为感性意识的对象和使‘人作为人’的需要成为需要而作准备的历史(发展的历史)。历史本身是**自然史**的即自然界生成为人这一过程的一个**现实**部分”[①]。从对历史的研究的知识形态而言,它指明了科学的研究应当是“从**感性**的意识和**感性**需要这两种形式的感性出发,因而,科学只有从自然界出发,才是**现实**的科学”[②]。历史唯物主义就是这样一种先于理论态度的对人的历史性存在本身的把握,它真正深入到了社会历史的实践进程当中去揭示人类社会关系的历史运动的根源,因而能够准确诠释人类社会发展的辩证性质,是真正具有科学性的思想学说,并敞开了通向马克思所追求的“真正的知识”即历史科学的正确路径,揭开了人类思想史的光辉的新篇章。因为历史唯物主义具有真正的科学性,所以它的价值与意义必将随着时代的发展而越发彰显出来,焕发着旺盛的生命力。正如英国史学家巴勒克拉夫所评价的那样:“今天仍保留着生命力和内在潜力的唯一的‘历史哲学’,当然是马克思主义……当代著名历史学家,甚至包括对马克思的分析抱有不同见解的历史学家,无一例外地交口称誉马克思主义历史哲学对他们产生的巨大影响,启发了他们的创造力。”[③]尽管这一评价对马克思思想性质的理解未必恰当,然而它所表达的对马克思思想的高度赞誉在学术界却是一个不争的事实。

---

① 马克思:《1844 年经济学哲学手稿》,第 90 页。

② 马克思:《1844 年经济学哲学手稿》,第 89~90 页。

③ [英]杰弗里·巴勒克拉夫:《当代史学主要趋势》,杨豫译,上海译文出版社 1987 年版,第 261 页。

二、研究的基本内容

本书试图在深入理解马克思思想的基础上，力图还原历史唯物主义的原貌，呈现马克思历史研究所开启的独特的研究视域和研究方法，阐明历史唯物主义思想的科学性及其当代意义，并在哈贝马斯和本雅明的思想与历史唯物主义关系的探讨中进一步彰显历史唯物主义的当代生命力。本书澄明了历史唯物主义对于当代人类现状的分析仍然具有重大的指导意义，对于当代社会科学研究的基础与路径仍然具有澄清和批判的作用，历史唯物主义具有重大的当代意义，以期通过这一研究使我们能够更加准确地领会马克思的思想精髓，深化对历史唯物主义真精神的把握，更深入地探讨历史唯物主义在人类思想史上的究竟意义，提升我们在新时代弘扬和发展历史唯物主义的自觉性。

本书共分五章，各章节要点如下：

第一章的中心议题是探讨马克思的历史唯物主义学说在西方历史研究脉络中的究竟地位和重大意义。第一部分主要考察了康德理解历史的基本原则——“普遍历史的理念”。第二部分着重阐述黑格尔与马克思历史性原则的异同，阐明马克思如何在自然与历史相统一的关系中深入批判以黑格尔为代表的一切唯心主义历史观，在人的现实活动中确立起真实的历史性原则，历史唯物主义由此就不单单是一种唯物主义的历史观，还是建立在感性活动之历史性基础上的存在论的新视域。

本章的重要观点是：

其一，康德具有批判哲学特色的历史哲学坚持在一种历史本体论原则下解释人类历史的整体结果，开创了在人类理性范围内理解历史终极目的之先验理性历史哲学的先河。“普遍历史的理念”是他提出的理解历史的根本原则，这使得先天地理解人类整体历史的构想成为可能，其最大的价值在于勾画了一可能性的轮廓，是一种实践的智慧，提供给人们对历史的道德性的思考，起到了规范的作用。

其二，黑格尔是康德之后系统阐发历史哲学的思想家，马克思的历史唯物主义与黑格尔的历史哲学有着密切的联系，也存在着本质上的差异。借助于辩证逻辑，黑格尔首次将“历史”置于本体论的境域之中，却流于以逻辑牺牲历史的结局。在对黑格尔的历史哲学深刻批判的基础上，马克思开启了独特的研究视域和研究方法。历史唯物主义脱离了历史哲学的领域，将“历史”纳入到存在论之中，建构起真实的历史性原则，确立了崭新的历史本体论即历史存在论。

其三，马克思对历史哲学的唯心主义本质的批判坚持的是自然与历史存在论性质上相统一的立场。马克思认为这种历史观割裂了自然与历史，这就导致了从历史本原性的存在之外来审视历史，纯粹的精神、自我意识成为历史的核心，现实的生活反倒成为非历史的存在。历史唯物主义主张自然史和人类史是同一部历史，恰恰是洞悉了两者之间的统一性，马克思才能将黑格尔客观的理性精神落实到人的现实活动的历史当中。在感性活动的基础上，马克思论证了历史唯物主义的历史性原则，换言之，感性与历史性的统一才使历史性真正获得了本体论的地位。历史在马克思这里，是人的能动的生活过程，历史的主体是现实的个人。他是要从人类的存在方式去把握和诠释历史。马克思由此改变了自近代启蒙以来的以理性为主体的认识论的路径，开辟了转向真正的历史本体论的先河。

第二章探讨历史唯物主义存在论这一新视域的主要内容以及历史唯物主义科学性的问题。主要澄清历史唯物主义的基本性质，阐明历史唯物主义科学性的根源是在感性劳动的辩证法中理解和把握历史。历史唯物主义实现了感性与历史性的统一，因此，历史唯物主义的理论逻辑能达到与历史的真正的统一，成就为言说现实的个人及其能动的生活过程的具有真正科学性的理论学说，并敞开了通向马克思所追求的“真正的知识”即历史科学的正确路径，揭开了人类思想史的光辉的新篇章。基本结论是：

其一，历史唯物主义之所以是新唯物主义，是因为其立脚点是“现实的自然界”即“物质的生活关系”，“唯物主义”意味着能揭示出作为人类历史基础的社会现实，具有真正的现实性。真实的历史性原则是在“唯物”与“辩证法”中得以实现的。马克思的辩证法是感性劳动的辩证法，这一辩证法具有革命性和批判性，如此诠释的辩证法便领会到了人类历史发展的真实内涵,实现了感性与历史性的真正统一。马克思赋予了感性以存在论内涵和劳动的实践化是历史唯物主义存在论确立的重要前提。

其二,历史唯物主义存在论视域的基本原则包含两方面内容:首先,作为感性活动的劳动即“实践”是建构人类世界的根基。其次,只有从实践出发而不是从意识本身的辩证运动出发去阐明观念和知识的形成过程,才能揭开思辨范畴对生活世界的形而上学的遮蔽,使建立在理性法则基础之上所构建起来的科学研究的真正基础真正呈现出来,从而阐明事物的本质,形成真正的知识。

第三章主要围绕历史唯物主义的奠基性概念即劳动的相关问题展开分析,详细论述了马克思的劳动概念的真实内涵和它在西方思想传统历史脉络中的地位以及它所遭遇的来自当代西方哲学家的批判,并从四位西方哲学家所聚焦的问题的剖析和回应中揭示出他们对马克思的误解,呈现马克思劳动概念的卓越意义,进一步阐释了历史唯物主义作为知识形态的科学性正是源自以劳动为源点,力图在对能动的生活过程描述中形成真正的知识。

本章第一节主要是对西方思想史上前马克思的劳动概念进行简要的梳理,这涉及赫西俄德与荷马等行吟诗人、柏拉图和亚里士多德为代表的古希腊哲学家、犹太教和基督教传统、近代以来哲学家的劳动概念。

第二节考察马克思对劳动的诠释在当代西方哲学领域

所引发的批判，主要选取了海德格尔、阿伦特、鲍德里亚、哈贝马斯这四位哲学家加以分析和探讨。他们的批判主要聚焦在以下四个问题上：一是劳动本身无法突破其工具理性的局限性，不能以它为基础来解释人类社会的发展；二是正是因为劳动概念，马克思的思想未能超出近代形而上学的视域；三是劳动与实践并不等同，混淆两者是错误的；四是依靠劳动获致生产力的解放进而实现整个人类解放的方案没有现实意义。

第三节分别从四个方面回应和澄清了马克思的劳动概念的卓越意义，揭示出他们对马克思的误解以及误解的根源在于从知性科学的视角理解马克思的劳动概念：一是在历史唯物主义存在论视域中，劳动概念突破了知性科学的规定而获得了其存在论本质的澄明；二是劳动是在历史进程中具有基础性和建构性意义的感性活动，正是对劳动的这一阐释使马克思的思想超越了形而上学；三是劳动即是实践是马克思的思想前提；四是依靠劳动通向人类的解放是历史存在论意义上的论断。

本章的基本结论是：

一是对于马克思思想学说能否正确理解与把握，从根本上取决于对马克思劳动概念的认识。感性活动的具体形态就是劳动，它最为重要的意义是生产出社会生活本身。人的本质就是通过这种生产而历史地生成，正是从劳动的历史性中产生出人的现实的社会形态及其演变，劳动及其在形态上的变更才是历史研究的出发点。正是在马克思的历史唯物主义存在论视域下,劳动概念才突破了知性科学的规定而获得了其存在论本质的澄明。

二是马克思的“劳动”不再是黑格尔自我意识的外化活动,而是感性意识的现实的生成过程,这一过程并不停留在生产出作为人的对象性存在的物质财富上,更为重要的是,劳动还生成了人们之间现实的社会关系。马克思并未把理性意识作为劳动的前提,而是具有开创性意义地揭示出劳动是感性意识之形成和展开的活动,确立起劳动的真正的现实意义。在此基础上,哲学在马克思这里不再禁锢于内在性的意识当中,而是挣脱了形而上学的樊篱,以一种全新的面貌亦即崭新的历史本体论——历史唯物主义呈现在人类的思想史上。

三是劳动即实践确实是马克思的观点,将两者等同并不是马克思混淆了两者。从一开始他就不是从工具理性的活动这一知性科学的意义上理解劳动,而是从哲学的存在论意义上理解它,这也是构成马克思思想的一个极为重要的前提。正是从这样的角度出发,马克思赋予劳动以完全积极的现实意义的最深层次的表现即是劳动的实践化。

四是劳动是具有革命性和批判性的感性活动,由劳动所带来的生产力的解放指的是人的对象性本质力量的主体性的增强。换言之,新的社会性的生成。这一革命性并不意味着工艺学意义上的突破,因为生产力的发展不仅包括物质条件的发展，而且还包含了人与人的对社会关系需要的感性的交往意识的变革。因此，生产力真正的变革意义在于劳动是在人与自然的关系中对人的感性存在的生产，由此引发了人的感性需要的增长和感性意识的变革。感性需要的增长不能等同于物质欲求的增长，这种需要是对人与人的社会关系的需要，它的不断增长是感性意识变革的原因，意味着人与自然的感性联系中对新的社会性的发现以及实现，人与人之间通过自然这一纽带而发展起来的社会关系的变革，意味着新的社会属性的降临。正是从这一意义上，马克思提出了劳动最终导致生产力的解放从而成为人类解放前夜的论断。

五是与西方思想史上对劳动的轻视不同，马克思在历史存在论视域下首次视劳动为一种感性对象性的活动，劳动从此彰显出积极的和现实的意义。劳动在其存在论意义上是对感性的自然界和人类社会的建构活动，它对于人类社会历史发展的根基性意义就已经清晰地表明劳动即是建构社会关系和实现人类社会解放的实践力量。无论是海德格尔和阿伦特，还是鲍德里亚和哈贝马斯，他们对马克思的批判意味着都未能领会马克思劳动概念的真实的内涵。

第四、五章研究的是马克思之后的两位哲学家对马克思的历史唯物主义思想的反思与重构。本书选取了在西方哲学史上占据一席之地的两位重量级的哲学家：一位是西方马克思主义阵营中对马克思主义当代发展所做贡献最大、最富原创性和影响力的思想流派法兰克福学派的第二代领军人物哈贝马斯,另一位是法兰克福学派重要的编外人员、被誉为“欧洲最后的知识分子”的本雅明。他们在继承和发展历史唯物主义以及印证历史唯物主义当代意义方面做出了卓越贡献。对他们的思想展开探讨的旨趣在于,阐明历史唯物主义在当代是否具有重要的理论和现实价值。这就需要分析和考量哈贝马斯和本雅明在当代状况之下深入挖掘历史唯物主义的本真意蕴和潜力,为其依然焕发出鲜活的生命力所作出的最真实的努力。阐明他们在沿袭历史唯物主义理论框架解决现实危机方面所彰显出的历史唯物主义的当代生命力以及在偏离历史唯物主义原初精神方向上的失误之处所反衬出的历史唯物主义的重大现实意义。

第四章探讨的是哈贝马斯对历史唯物主义的反思和重建。第一节主要剖析哈贝马斯力图在当代状况之中深入挖掘历史唯物主义最本真的意蕴及其潜力,重建历史唯物主义为科学的社会进化理论,使其在对当代问题的分析判断和诊治方面能够给出满意的答案,在现时代依旧焕发出旺盛的生命力。然而,哈贝马斯最终执着于历史唯物主义生产范式的局限性从而转向新的理论形式即交往行为理论的建构。但无论如何,哈贝马斯的历史唯物重建论都彰显了他在当代状况之下发展历史唯物主义的努力,同时也表明结束对历史唯物主义知性解读的迫切性。第二节则致力于从历史唯物主义存在论视域分析与比较哈贝马斯与马克思的资本批判。在这一比较向度中,辨明马克思的历史唯物主义构成了对资本的本质意义的批判,找到了摆脱文明危机的有效路径,从而进一步印证了历史唯物主义的当代生命力。

本章的重要观点是:首先,哈贝马斯认为历史唯物主义具有非常重要的理论意义和实践价值。其内在目标和根本精神是对人类的现实生存状况作出合理的分析与批判,这是所有社会理论都应追求的理论旨趣。然而,历史唯物主义一直以来都遭遇了对其庸俗化、教条化的歪曲和误读。鉴于此,哈贝马斯提出要认真对待马克思的原初思想,挖掘出历史唯物主义的本真意蕴,从而还历史唯物主义不同于传统路线的新貌,并在当代状况之下发展历史唯物主义。重建的根本目标是将其建构成为非实证主义的社会批判理论,能够揭示资本主义社会涌现的新问题的实质。但是,历史唯物主义有着无法克服的局限性,只能在一种新的理论形式即交往行为理论的层面上应答历史唯物主义要回应的社会历史问题。事实上,哈贝马斯没有真正理解马克思的历史唯物主义所发动的这场反叛理性形而上学运动的真实意义,最终仍然在知性科学的意义上解读历史唯物主义。

其二,历史唯物主义的当代生命力可以进一步通过哈贝马斯和马克思对资本批判的比较窥得一斑。资本作为感性的社会权力,是一种强制性的社会关系,它昭示了现代社会普遍异化的文明危机。对资本的批判使哈贝马斯与马克思的历史唯物主义发生了最切近的关联。马克思赋予劳动以存在论内涵,认为劳动确立起社会关系。生产关系是人们之间的感性交往,因而社会关系即生产关系。资本主义生产关系与资本是二而为一的关系,社会关系的异化由劳动的异化所造成,扬弃异化需通过劳动。哈贝马斯则依循社会关系由理性建构的传统,遮蔽了生产关系的感性起源。基于对劳动、生产关系的知性解读,哈贝马斯的生活世界剔除了经济系统。他认为脱离劳动的交往关系的扭曲是异化的表现。生活世界与系统二元架构是哈贝马斯资本批判的理论框架,成为他分析资本起源并寻求摆脱异化的方法。由于马克思的历史唯物主义学说牢牢抓住了资本的实质,构成了对资本的本质意义的批判。在资本原则贯穿始终的时代条件下,马克思的历史唯物主义才是解决问题的根本。[①]

其三,哈贝马斯力图跳脱生产实践的资本逻辑,以交往范式取代生产范式重建历史唯物主义,并放弃了最初的重建构想转而走上对资本文明的文化批判的道路,这并不意味着历史唯物主义作为理论学说,其科学性大打折扣,更不意味着这一理论已经丧失了当代价值。恰恰相反,这正反衬出历史唯物主义对当代人类现状的分析和判断仍然具有

① 参见夏巍:《从存在论视域看哈贝马斯与马克思对资本的批判》,《南京社会科学》2015 年第 8 期。

不可超越的重要的指导意义。

第五章的中心议题是分析本雅明如何在历史唯物主义的理论框架中,对现代性状况展开辩证意象的历史批判,从而还原生成 19 世纪原初历史的本原形式,揭示资本主义现代性幻境的本质面相,并挖掘和释放辩证意象所蕴含的解放和救赎的潜能,发现无产阶级和大众未被资本主义意识形态所遮蔽的感性意识,探索在世俗的启迪中救赎人类的有效路径。本雅明的这一研究对于印证和彰显历史唯物主义的当代生命力具有重大意义。

第一节从总体上考察了本雅明对历史的哲学研究与历史唯物主义的关系。基本观点是:历史唯物主义是本雅明重构历史理论极为重要的理论来源。从历史唯物主义的存在论视域来看,首先,本雅明的历史研究有着和历史唯物主义相同的理论旨趣:表征真理和救赎解放。其次,研究的路径都是从社会历史运动的起源中展开探索。再次,通过呼唤无产阶级和大众的"感性意识"的觉醒并在共产主义政治实践中达到解放的目标更是秉承了历史唯物主义的原初精神,正是历史唯物主义为本雅明的弥赛亚救赎的世俗化进程提供了现实的行动路径。

第二节探讨了本雅明以拱廊街为切入口,对 19 世纪巴黎的社会生活及其意识形态进行的"辩证意象"的历史批判,以及由此还原和生成了 19 世纪原初历史的本原形式,揭示了资本主义现代性的幻境的秘密,并为唤醒大众和无产阶级未被资产阶级意识形态遮蔽的感性意识所作出的努力。基本观点是：辩证意象是本雅明的历史唯物主义的研究对象，存留着对原初历史本原形式的“总体性”的记忆，蕴藏着破解总体性的密码，重新将它们拼贴啮合在一起，历史总体性的真实面相自然就能浮现出来。不仅如此，辩证意象这些历史碎片上潜藏着革命意志和诉求，并以其历史的辩证性使当下的瞬间汇聚了人类社会历史性存在的完整性，而这一辩证性正是源自人的活动的辩证的和历史的维度。辩证意象的辩证性还体现在它既是时代的真实写照，同时又是时代的幻象。唤醒无产阶级和大众的“感性意识”不能悬置在一个遥远的希望之中，寄托在后世的子孙后代那里，而是在当下就应从那些被遗忘的受奴役受压迫的祖先的革命意志和诉求那里继承而来，并时刻提防资产阶级意识形态对其进行的侵蚀和遮蔽。从马克思的历史唯物主义存在论视域来看，本雅明将对社会真理的追问置于历史性的维度上，并力图在感性的历史性存在的意义上释放出历史时刻的丰富性。对“原初历史的本原形式”探寻的旨趣，并不在于复原出精确的实证的旧时景象，而是要将现代性的理性范畴规定之前的“生活世界”呈现出来，以澄明社会事实的本质，清理出一条通向救赎的坦途。

第三节分析本雅明对历史进步论以及历史进步论的信奉者和践行者历史主义和庸俗的马克思主义的批判。其主要观点是：

首先,本雅明对历史进步论的批判基于三个原因:其一,它归根结底是资本主义现代性的产物。作为一种理论形态,它是资本主义的现实原则在观念上的表达,归属于资本时代以来的理性形而上学的建制,坚持这一观念必将无法形成对资本主义的真正的批判而迎来救赎的曙光。只有在破除对历史进步论的历史线性发展模式和历史目的论信仰的基础上,才能抓住每一个救赎的契机,从而使大众和无产阶级从现代性幻象和神话的迷惑中真正地苏醒过来,激发其现实的解放行动。其二,正是在对历史主义的批判中,才能为建构其历史理论的根本原则破除思想的蔽障。其三,正是批判了第二国际理论家尤其是德国社会民主党对马克思思想的庸俗化、教条化的理解,本雅明才将真实的历史唯物主义从实证主义化和客观主义化倾向的误读和扭曲中解放出来,充分释放出历史唯物主义指引人类达至解放的革命和实践的力量。

其次,历史进步论在本质上是虚幻的。它勾画出人类社会历史发展的线性的、单向的路线,承诺人们最终一定会达至完满美好的社会状态,这在一定程度上就会为掩盖实际存在的社会矛盾和资产阶级暴力行径提供了合法化的依据,毋宁说这一论调就是一种钳制人的革命精神的意识形态。

最后,本雅明借助犹太教神学思想的支撑,将犹太教的禁令作为他的理论建构的依据,他将置身的历史时期理解为一个特定的弥赛亚降临的时间，强调每一个历史时刻都有被救赎的希望，每一个“当下”都具备革命和解放的可能性，我们应该做和所能做的便是关注当下，观照现实。

第四节探讨在当代文化特别当代艺术形式的嬗变中，本雅明辨识出救赎的可能性和救赎的实践力量。主要观点是：本雅明认为机械复制技术的出现所引发的艺术领域的一系列变化，是一股不可阻挡的历史潮流，从中形成的集体的艺术经验是宝贵的资源，因为其中恰恰孕育着突破资产阶级意识形态宰制和建构历史的新的集体的感性意识，以艺术的政治化发动大众将是可以对抗资本原则的一条重要的路径。

第一章　从历史哲学到历史唯物主义

本章的中心议题是探讨马克思历史唯物主义学说在西方历史研究脉络中的地位和重大意义。第一节主要考察了康德理解历史的主观原则——“普遍历史的理念”。第二节着重阐述黑格尔与马克思历史性原则的异同，阐明马克思如何在自然与历史相统一的关系中深入

批判以黑格尔为代表的一切唯心主义历史观，在人的现实的活动中确立起真实的历史性原则，这样，历史唯物主义就不单单是一种唯物主义的历史观，还是建立在感性活动之历史性基础上的存在论新视域。

第一节　康德的“普遍历史的理念”①

康德并未在理论理性和实践理性之外提出历史理性，也未建立三大批判之外的独立的第四批判，因而，学者对康德的研究就往往忽视其历史哲学的独特品格。然而，从其整个思想体系来看，他的确建立了具有批判哲学特色的历史哲学，这种历史哲学坚持在一种历史本体论原则下解释人类历史的整体结果，开创了在人类理性范围内理解历史终极目的之先验理性历史哲学的先河。他于1784年完成的《在世界公民观点之下的普遍历史之理念》一文所表达的思想构成了其历史哲学的核心内容。在文章中，康德提出了理解历史的主观原则“普遍历史的理念”，从而使得先天地理解人类整体历史的构想成为可能。

① 本节曾作为《论康德的“普遍历史的理念”》和《历史认识是如何可能的？——评康德的“普遍历史的理念”》的部分内容，分别发表于《理论学刊》2005年第8期和《兰州学刊》2006年第3期。

一、普遍的历史

康德的"普遍历史的理念"的提出首先与其意下的历史领域的独特性有关。在康德看来,历史领域有其独特性:一方面,人类的历史属于自然的一部分,也是一种现象,因此必须服从必然的规律,这样历史似乎只是自然的一个部分,不存在一个不同于自然的、单独的历史领域;另一方面,历史毕竟是有自由意志的人的历史,因为人若同其他自然物一样,无自由意志,便无历史可言。这样,历史领域也出现了自由与必然的"二律背反",这与康德在"第一批判"中就理性地确定"现象界"(自然)与"本体界"(自由)的区分的旨趣相同。按照这种区分,自由不是可以显现的,即不在现象界中表现出来,但其结果必须能够落实到现象界当中,亦即将自由的规律所赋予的目的在现象界中实现出来。自由意志本身并不是历史的直接对象,它是道德形而上学的对象,但人类所能认识的也只是自由意志在现象界所表现的活动,这就决定了不具有无限的观点的人所能认识的只是其自由意志在现象界所表现的活动。因而,历史就是人的自由意志在经验世界中的表现过程,就是从人作为物自身(自由的主体)的角度来看人在现象界中表现出来的行为的"记录""叙述"或"呈现"。因而,历史只能是以自由现象为标志的领域。

康德认为,以自由领域为对象的历史,与复述历史上的具体事件、人物的历史学不同,它着眼的不是历史过程中具体的个别的细节和从属于一定历史时期的个体，甚至不是具体的历史事实，是超越具体性和个别性，将人类历史作为理性关照下的一个类的整体。历史学描述的是人类在过去已经取得的成就，而这种成就不是自然赋予的，而是由人创造的自由的成就。历史因此摆脱了经验史的羁绊，成为朝向人的自由开放的历时性行动。历史学透过对人类行为的科学研究，意欲实现的应是对历史中自由的考察。

历史领域的这些独特之处表明：在历史学中，康德看重的是人类行为的全体，探究的是相对于人类行为全体来说的历史的发展规律和趋势。因此在历史中，人类世界中每个事件的特殊性质是不重要的，重要的是一系列的、数量极大的某类事件。所以真正的历史应该是人类整体的历史，而不是各民族所具有的特殊的历史。历史是“人类意志自由的作用的整体”，即“普遍的历史”。在《重提这个问题：人类是在不断朝着改善前进吗？》一文中，康德从另一角度表明了他的这种独特的历史观：“我们渴望有一部人类历史，但确实并非一部有关以往的、而是一部有关未来的时代的历史。因而是一部预告性的历史。”[①]这就进一步表明，单单经验的、叙述性的历史是无法做到这一点的，它们仅能够记录当下的事件，而无法预测未来，更不能从整体上提供这样的一部历史，因此，对普遍的历史的研究必须从哲学的视野出发，意即只有历史哲学才能完成对叙述人类行为所无法

① [德]康德：《历史理性批判文集》，商务印书馆1991年版，第145页。

加以尝试的东西的研究。这样，康德的历史学就呈现出不同于建立在经验基础之上的、复述历史上具体事件、人物的一般的历史学的许多新特点。大体归纳如下：

1. 一般的历史着眼的是历史过程中具体的个别的细节和从属于一定历史时期的个体，分析事件背后的原因是其要旨，而康德的历史学超越了地域和时代的不同，将人类历史作为理性关照下的一个类的整体，致力于评价历史，他首先关心的是历史的意义，需要回答的是历史命运的问题。

2. 一般的历史是经验的学问，表现为具体的历史编年史，而康德的“普遍的历史”不过是哲学的历史观的一个名称，它始终表征的是哲学层次上的历史。

3. 一般的历史学总是摆脱不了地域与民族的限制，是从一个特殊国别公民身份（如德国人、英国人、中国人）观察的历史，而康德的历史则是从一个“世界公民”的立场观察的历史，因此，“普遍的历史”越过各个民族特殊的发展历程，而关注人类整体所具有的一种共同命运。

可见，康德意下的历史是先天的历史，或者说，是历史的先天演绎。就其具体内容来说，历史的过程也就是人之成长为人的过程，是理性历时性展开的过程。这样的历史就被康德称之为“普遍的历史”。

二、“普遍的历史”的理念

依照康德的观点，“普遍的历史”是要从本体上理解历史的本质，研究历史之成为可能的条件。因此，这种历史重要的是提供理解历史的主观的原则，即通过理性地论证并确立一个“普遍历史的理念”。因为只有从理念的视角审视，历史作为一个独立和自足的能够进行哲学分析的理性的论域才成为可能。从这个意义上说，从哲学层面上对历史进行理性透视，成就先天的历史，就必须把“普遍的历史”当作一个“理念”来看待。这样，“普遍的历史”就成为“理念”中的“人类整体历史”。“普遍的历史”的观念因此成为康德剖解历史终极意义的理性工具。

可以说，所谓“普遍历史的理念”就是康德提供给我们研究历史所必须有的主观的思维方式，它不是思辨意义上的纯粹理性的先验理念，即从理性推理的形式中所总结出来的上帝等理念，而是“一般的理念”，即理论理性或实践理性考察某类经验的全体时所涉及的理性概念，是我们依据一个先天的理念来理解整个人类历史的出发点或参照系，它提供给我们一个先天的线索以把握人类历史进程的全部景况。

“普遍历史的理念”如何可能的问题因此成为批判哲学句式下历史理性优先解决的问题。这个问题应该在两个层面上得到回答：其一，“普遍的历史”的理念本性；其二，“普遍历史的理念”成为可能的根据与条件。

三、“普遍的历史”的理念本性

在康德独创的历史学视野下，“普遍的历史”在本性上是一理性概念,是一特殊理念。这个理念作为康德用以理解、领悟、评价历史的一种主观原理、准则,必须在批判哲学意义上具备理论上的合理性,才能满足康德式历史研究的需要。按照康德的理解,所谓"理念",就是我们理解自然整体时所具备的理性概念,它以范导的形式出现,事物的合乎目的性的统一就来源于它。康德的"理念"一词来源于柏拉图,但理解上却有所不同,柏拉图把理念不仅看作是人进行思考的工具,而且还看作是事物的原型和存在的根据,是客观存在的。康德的理念独特之处在于:它不是纯粹理性在本体世界中的对象,不存在于彼岸世界中,因而不具有本体论的意义,仅在提供我们观察事物存在与发展的视野角度实现其价值,真正的作用在实践领域。尽管被"实践"的理念不可能完全变成现实,但它确实是理性不断突破限制以获得更大完满性的导引,换言之,理念具有范导作用。

理念的范导使用表明了理念作为人类理性为达到经验全体时而必然创造出来的概念,只存在于我们的认识中,能够起到规定人的理性界限之用,对于引导我们的理论认识和道德实践都是必要的。

康德用"理念"来观察"普遍的历史",作为哲学层面的历史,"普遍的历史"在历史中发挥范导作用,因而本质上是作为一种理念——"普遍历史的理念",这特别表现在《在世界公民观点之下的普遍历史理念》一文中,康德写道:

我们可将人类的历史在大体上视为自然的一项隐藏的计划之履行。此计划即是在国家之内实施一部完美的宪法,而且为此目的,在国家之外也实施一部完美的宪法——唯有在这种状态中,自然始能完全发展人的一切自然禀赋。①

康德这里所谓的计划,即是"普遍的历史"这一宏大的目标,也即引领历史这一先天的线索——"普遍历史的理念"。

四、"普遍历史的理念"成为可能的先天根据

康德用自己的目的论学说解释人类历史,为"普遍历史的理念"提供先天可能性论证。

康德认为,我们无法从自然规律的角度理解人类历史,一方面,是因为人是行为的主体,有自主性,能够为自己的行为负责,但由于人又是自由的行动的人,应做什么事可以事先规定,但将会做什么却无法预测;另一方面,人性之中不仅仅有善的因素,而且还有恶的因素:

如果我们能够赋予人类以一种天生的不变的,尽管是有限的善意,那么他们就有可能准确地预告他们这个物种是朝着改善的前进,因为这里所遇到的事件乃是他们自己所能造就的。但由于禀赋中的善混合了

① 李明辉:《康德历史哲学论文集》,台北联经出版事业公司2002年版,第17页。

恶，而其总量又是他们所不知道的，所以他们就不明了自己可能从其中期待什么样的效果了。[①]

另外，康德又认为个人的理性在纯粹思辨中的运用与在历史中的运用不同，因而不能够担此重任。他指出：

当我们见到人在世界的大舞台上的所作所为，又尽管在个人身上有偶尔闪现的智慧，但我们终究发现，在大体上，这一切均由愚蠢、幼稚的虚荣，甚至往往是由幼稚的恶意与毁灭相交织而成之时，我们禁不住会有某种不满。在此，我们终究不明白：对于我们这个如此以其优越性自负的种属，我们该形成怎样的一个概念。哲学家唯一的办法是：既然在大体上，他根本无法在人及其活动当中预设任何理性的个人目标，他便探讨他能否在人类事物的这个荒谬的过程中发现一项自然目的——根据这项目的，不按个人计划行事的受造物却可以有一部合乎自然的一项特定计划的历史……自然也产生了一位牛顿，他以一项普遍的自然原因去解释这项法则。[②]

康德认为，虽然我们无法从自然规律的角度理解人类历史和预测人类行为，但我们却可以从目的论的视角发现

① [德]康德：《历史理性批判文集》，第151页。

② 李明辉：《康德历史哲学论文集》，第6页。

一部“预测的人类史”是可能的。于是，在历史学中他提出一种哥白尼式的转向，即依据目的论的观点来寻找这一引导历史发展，普遍历史展开的先天线索，这样康德就把自然目的性理念引入人类实践，引入人类历史。依据“自然目的”理念的范导，我们可以有一部合乎自然的一项特定计划的历史。人类的历史的最终目的即人类理性的充分发展，人类历史既是合乎一定目的、实现一定目的的过程，又是一个不以个人的主观意志为转移的必然过程。尽管它是我们用经验无法证实的，但它却是我们理解人类历史必需的主观的、先天的指导线索。如果我们不从自然目的的视角理解人类历史，那么这一发展过程就会因为人类行为的难以预料的复杂性，人类所表现出的种种罪恶、愚蠢而显得杂乱无章，毫无意义。这样，人类活动的历史就不是像动物那样仅仅出于本能，也不像出于理性的世界公民根据一种预定计划而进行，而是介于完全的必然与完全的自由之间。

在康德看来，生命有机体现象表明了目的因的因果联系的存在，为目的论提供了客观方面的依据，而就目的论作为思维法则而言，是分别与理性和判断力相联系的。在《纯粹理性批判》中，目的论是从理性追求知识统一的角度，以理念范导的形式出现，事物的合乎目的性的统一来源于理念。而《判断力批判》中，主要从目的论的认识能力方面深入了这一思想。康德在此提出了反思判断力的合目的性原理，他将理论理性所确认、追求的自然统一的目标作为自然的一个目的，然后按照人的有目的活动的类比将自然看作自身具有技能活动的能力。于是，这一目的就成为自然特殊的、偶然的经验规律得以联结成一个统一整体的根据，而将这些特殊规律联结为一个经验整体的认识活动就成为一种合目的性的活动。康德反对将目的概念直接赋予自然。因此，这里所探求的是自然是否是“合目的性”的，而不是有目的的。这一目的概念仅存在于人的观念里，仅是判断力为了自己从事对自然秩序的反思，而给自己提出的一个主观原则，其客观实在性无法在知识上得到证明。

自然目的论只是对自然的合目的性的一个“逻辑表象”，最终还是受到自然系统的道德情感的暗中掌控，只有道德的人才会对自然目的进行追溯，当通过合目的性将自然设想为一个统一的整体时，人们自然而然会产生这样一个问题：自然界作为一个统一的整体，它的存在又是为了什么目的呢？在自然万物中，只有人才有资格成为自然的最后目的。自然的终极目的应是无条件的，而现象界中一切事物均在因果系列中，都是有条件的。只有不以任何自然条件为条件的目的，才是最终目的。所以只有作为本体界的人，具有超越于感性之上的自由意志的人，作为道德主体的人凭其理性为一群以合乎目的方式产生的事物形成一个目的系统，并能规定自己存在的目的，思考自然存在的价值，才使自己成为自然在目的论上所以从属的终极目的。

康德以自然目的论、道德目的论的基本原则理解人类历史。他认为依据自然目的，我们可将人类的历史理解为一个理性逐步发展完善的过程。人作为有机体，是自然的目的，而“在目的论的自然论中，一个不可使用的器官，一项达不到目的的安排是一种矛盾”[①]。“大自然决不做徒劳无功的事，并且决不会浪费自己的手段以达到自己的目的。”[②]而人不仅是自然目的，而且更是自然的最终目的。因而人类历史的发展是人类理性发展的过程，是自然目的逐步实现的过程。正如康德所说：“这些自然禀赋的宗旨就在于使用人的理性，它们将在人——作为大地之上唯一有理性的被创造物——的身上充分地发展出来，但却只能是全物种的身上而不是在各个人的身上。”[③]因为“这种理性本身并非依本能而作用，而是需要尝试、练习和教导，才能逐步由一个理解阶段进至另一个理解阶段。因此，每个人必须有无限长的生命，才能学得如何完全地运用其全部自然禀赋。否则，如果自然仅为他规定了短暂的寿命（像实际的情况那样），他便需要一个无法估量的世代系列”[④]。而人作为理性的产物，却因了记忆而无时不生活在历史的关照中，人的理性赋予了人类进行文化传承的能力，因此，“每个世代将其开化传给其他世代，以便最后将它在我们人类之中的根芽

① 李明辉：《康德历史哲学论文集》，第 17 页。

② ［德］康德：《历史理性批判文集》，第 5 页。

③ ［德］康德：《历史理性批判文集》，第 3～4 页。

④ 李明辉：《康德历史哲学论文集》，第 7 页。

推进到完全合于自然的目标的发展阶段”[①]。康德通过“自然目的”,将人类历史发展的合目的性与合规律性统一起来。

五、对康德“普遍历史的理念”的检视

康德通过“普遍历史的理念”将人类历史发展的合目的性与合规律性统一起来。这一原理是主观范导性的原理,它不探求历史发展的客观规律,设计历史的行程,也不询问历史的真正目的是什么,而是询问历史如何才能合乎目的地存在。在《在世界公民观点之下的普遍历史之理念》一文中,康德写道:

> 想要按照“如果世事应合于某些理性的目的,它必然如何进行”这个理念去撰写一部历史,这的确是一个奇怪而且从表面看来荒诞的计划,由这样一种意图似乎只能产生一部小说。[②]

如果这样,历史就是确定地被设计的,因而就否定了人的自由意志,人就成为被动地受命运支配的工具,恰恰相反,是人的活动在推动并促成人类历史合目的性、合规律性地发展。康德曾列举了三个例子:第一个是犹太先知预言以色列的灭亡;第二个是当时的政治家预言人类冥顽不灵与反叛成性;第三个是当时的教士预言宗教之没落与反基

① [德]康德:《历史理性批判文集》,第 7 页。

② 李明辉:《康德历史哲学论文集》,第 20 页。

督者之出现。意在说明实际上他们在用自己的行动帮助这些预言的实现。《在世界公民观点之下的普遍历史理念》一文中，康德指出千年福祉王国并不虚幻，尽管这一理念不能由经验证明，却能够对经验过程产生影响，人的努力能够促成这种可能变为现实。康德认为这与我们人性有关：

> 人性具有一种特性，即是：甚至对于我们人类会遇到的最遥远的时代都不会无动于衷（只要这个时代确实可以期待）。特别是在我们的情况下，它更不会无动于衷，因为我们似乎能靠我们的理性策划使这个令我们的后代如此欣喜的时刻更早来临。①

正因为如此，康德对人类历史的一种理解是“必须看作是可能的，并且甚至还是这一大自然的目标所需要的”②。因此并不是客观规律决定了历史的发展，人类历史不是一个必须实现一定目标的历史过程，仅在于实现一定目标的人类历史不是不可能的。因此，康德以目的论角度预测人类历史，探求历史发展的线索，就不同于波普尔批评的所谓的“历史决定论”。它体现了人在历史中的自主性，隐含了非决定论的观点。

普遍历史理念作为范导性原理发挥作用，当然不能以具体的经验事实来验证，但这并不是说，它作为一原型和导

① 李明辉：《康德历史哲学论文集》，第 18 页。

② ［德］康德：《历史理性批判文集》，第 18 页。

引，不能由经验事实展现其逐步接近理想的现实性的过程，而且，对人类历史未来的预言，康德又认为它必须联系某些经验："在人类历史上必须出现某些经验，它们作为事件足以表明人类的特性和能量、乃是他们改善前进的原因及其创造者。"[①]如果过去的历史中不包含未来的历史的种子，或者说对历史未来的期望不是建立在对过去历史的思考的基础之上，在康德看来都是反历史的。因而康德在其历史视野中尽管未拒历史事实于外，但并未否定普遍历史理念的作为一种思索历史的主观原则的有效性。

康德秉承普遍的历史乐观主义精神，但当人们沉浸于热情讴歌人类理性进步、自由解放的普遍乐观主义气氛中时，他未忽视卢梭对现代文明的批判，在其乐观主义之下隐含着对人性的劣根性的深刻洞察，因而更为注视人的道德水平的提高、人的自由的实现，这实际也是康德整个哲学体系最为重视的问题。康德认为启蒙并不仅仅是启知识之蒙、情感之蒙，而且是启道德之蒙，即归属于实践领域的道德性的缺乏，是由人的思想从知识到目的论再向纯粹道德性的飞跃，启蒙是将人类从最低的野蛮状态提升到最高的成熟状态，从不断冲突和战争的状态引向永久和平的人类进步的全部历史。因此，从某种意义上说，康德是将对于历史乐观主义的态度转化为一种道德义务或责任。由于人是创造历史的主体，普遍历史的理念作为一种理想、一种希

① [德]康德:《历史理性批判文集》,第151页。

望，就成为人类现实行动的义务，从而为不断趋向它而努力。一方面人能与自己保持距离，甚至善于“阻止”自己单纯按照自己的欲望去行动；另一个方面则是以更高的原则为尺度，能够对各种对象进行反思。在历史中，人们之所以看到历史是进步的，是因为人们是有道德的人，最终，不是历史理念决定历史的进程，而是人的自觉的道德行动推动人类历史不断向前发展。对于思索未来时代的希望，确实可以影响未来世代的人们及其社会状况，康德说：

> 因为我依据的是我自己天生的义务，即一系列世代的每一个成员——我是其中的一员，而我所要求于我的道德品性上却没有像我所应该的、因而也就是所能的那么好——都会这样地影响到后代，使他们永远可以变得更好（因此也就必须假定这一点是可能的），并使这一义务可能合法地从每个世代的一个成员遗传给另一个。[①]

因此，康德的普遍历史理念不仅为我们认识现实提供了一条先天线索，而且它以目的论的原则解释了历史的合规律性与合目的性的统一，表明人类历史是人的自由意志逐步完善、先天的自然禀赋逐步发展的过程，而更为重要的是，它提供的是总体的历史哲学，其最大的价值在于它勾画了一个可能性的轮廓，是一种实践的智慧，提供给人们对历

---

① ［德］康德：《历史理性批判文集》，第 204 页。

史的道德性的思考，起到了规范的功能。有的学者曾评价康德哲学的独创性是在于将理论理性无法把握的物自体或理念转换为实践性的范导性的原则。在历史领域的考察中，这一先天的普遍历史理念其卓越的作用即表现为引领人的未来的行为。霍克海默曾评价说："康德之所以承诺公正的秩序的实现和属于无限矛盾的根除，目的是为了给有限的世界带来变化。……现实确实无法对人类现实要求的实现作出承诺，但这并不意味着，在它能与道德律相一致的范围内，世界的观念——换言之，事物的公正秩序的观念——能够(不)并应该(不)影响感觉的世界，以便使之尽可能地符合自身。希望激励人奋进，导引人的行动。希望是康德体系的构成因素。"[①]只要人类能秉持其基于理性的信念，理想就有实现的可能；反之，人类如不发挥理性的力量，也可能走上集体毁灭之路。

在康德那里，历史是人类自觉地依据至善的目标不断完善自己的过程。他以普遍历史理念使历史的现实与理想之间保持了一种必要的张力，历史因而就不是一有终结的历史，历史理念的意义就存在于实现人类的自由这一逐步延展的过程之中。

① 曹卫东:《霍克海默集》，上海远东出版社1997年版，第230页。

第二节　从黑格尔到马克思:历史性原则

黑格尔是康德之后系统阐发历史哲学的思想家,马克思的历史唯物主义与黑格尔的历史哲学有着密切的联系,也存在着本原上的差异。正是在对黑格尔历史哲学深刻批判的基础上,马克思开启了独特的研究视域和研究方法。历史唯物主义脱离了历史哲学的领域,将"历史"纳入到存在论之中,建构起真实的历史性原则,确立了崭新的历史本体论即历史存在论。

一、黑格尔的历史性原则

尽管从 17 世纪开始,许多哲学家都研究过历史哲学的相关问题,然而他们的历史哲学仍然没有形成系统的理论,第一位对历史哲学进行系统研究的哲学家是黑格尔。

西方两千多年的哲学发展历程中,黑格尔之前的人们都将世界的基础视作是非历史的。在古希腊哲学家那里,真理存在于超时间的不朽的理念之中。到了近代,康德首先提出了先验性是理性自身的逻辑的主张。尽管如此,历史的真实内容与理性的先验本质,在康德的先验哲学中,事实上是始终处在一种外在的关系当中。

开始系统地探讨有关历史的本体论问题,例如:历史的基础、必然性和目的并达至最高境界的是黑格尔的历史哲学。1830年《历史哲学》一书的问世标志着黑格尔历史哲学的诞生。其根本主张是："哲学用以观察历史的唯一的'思想'便是理性这个简单的概念。"[①]因此，他在康德的"普遍历史的理念"的基础上，将历史归结为理性的自我外化、自我否定、自我复归的过程，在理性精神的辩证运动中完成了对人类历史的思辨表达。恩格斯曾经给予黑格尔高度的肯定，称黑格尔"是第一个想证明历史中有一种发展、有一种内在联系的人"[②]，与其他哲学家相比，黑格尔的思维方式以"巨大的历史感做基础"[③]。哈贝马斯在《现代性的哲学话语》一书中也高度评价了黑格尔的哲学功绩："他把时代历史提升到哲学的高度，同时把永恒与短暂、永恒与现实等联系起来，进而以前所未有的方式改变了哲学的特征。"[④]

黑格尔能够超越康德，在于他认可先验性的同时也把历史性原则融合了进来，将两者很好地结合在一起。之所以可以完成这一点，在于一个关键性的环节，即辩证逻辑。正是通过辩证逻辑，黑格尔试图将"历史"置于本体论的境域之中，从而建构起历史性的原则。

黑格尔的历史哲学思想可以归结为以下四点：

其一，理性精神是历史的真正的基础，历史就是理性精

---

① [德]黑格尔：《历史哲学》，王造时译，上海书店出版社1999年版，第9页。

② 《马克思恩格斯选集》第2卷，人民出版社2012年版，第12页。

③ 《马克思恩格斯选集》第2卷，第12页。

④ [德]哈贝马斯：《现代性的哲学话语》，曹卫东译，译林出版社2004年版，第59页。

神自我意识的历史，“世界历史可以说是‘精神’在继续作出它潜伏在自己本身‘精神’的表现”[1]，换言之，精神意识到自己的存在。这种意识是不依赖外界条件的意识，黑格尔称之为“自由”，因而人的这种能意识到自身存在的自由便成了世界历史的基础。

其二，人类理性不仅是人类精神自身的而且还是客观世界的内在本性，理性所具有的辩证本性必定在自身诸环节的范畴中展现其内容，因为客观世界的每个事物都按照理性的辩证法而展开，从而构成呈现理性的具体环节。换言之，理性的内在逻辑决定着历史的逻辑。正像马克思所指出的那样，黑格尔把人类史描述成了概念运动的历史：“全部外化历史和外化的全部消除，不过是抽象的、绝对的思维的生产史，即逻辑的思辨的思维的生产史。”[2]

其三，一切历史都是精神的历史，自然界没有历史，只有周而复始的循环，不会产生新的事物，“太阳下面没有新的东西”[3]。历史上的新事物则层出不穷，它们都是精神的创造。这一观点体现出黑格尔的历史哲学是建立在割裂自然与历史的统一关系的基础上。

其四，理性通过热情、利益等非理性的力量达到自身的目的，它们是世界历史发展的杠杆。“这一大堆的欲望、兴

---

① [德]黑格尔：《历史哲学》，王造时译，上海书店出版社 1999 年版，第 18 页。

② 马克思：《1844 年经济学哲学手稿》，第 99 页。

③ [德]黑格尔：《历史哲学》，第 56 页。

趣和活动,便是'世界精神'为完成它的目的——使这个目的具有意识,并实现这目的——所用的工具和手段。"[①]

尽管黑格尔力图将历史性纳入本体论当中,但令人遗憾的是,他的这种建构最终还是流于以逻辑牺牲历史的结局。黑格尔将各种社会历史现象都追溯到它们的本质即精神之上,精神的发展史就是概念的发展史。因此,归根结底,世界历史就是一个合乎辩证逻辑的过程。马克思指认出这一历史哲学的本质面目:"仅仅是哲学的历史,即他自己的哲学的历史。"[②]也就是说,历史变迁的革命因素皆来自理性本身的辩证性质。在马克思看来,黑格尔"只是为历史的运动找到抽象的、逻辑的、思辨的表达"[③],因而他所领会的"这种历史还不是作为一个当作前提的主体的人的现实历史"[④]。

在黑格尔那里,历史性之所以成立在于理性具有辩证的本性,历史性并未触及真正的现实生活,因而历史性依然是虚假的。黑格尔的历史哲学就其本质而言是唯心主义的历史观。

二、马克思对黑格尔的批判及其历史性原则

恩格斯称黑格尔的"这个划时代的历史观是新的唯物

---

① [德]黑格尔:《历史哲学》,第 26 页。

② 《马克思恩格斯选集》第 1 卷,第 141 页。

③ 马克思:《1844 年经济学哲学手稿》,第 97 页。

④ 马克思:《1844 年经济学哲学手稿》,第 97 页。

主义世界观的直接的理论前提”[1]。的确，历史唯物主义深受黑格尔历史哲学的影响，它在扬弃其固有缺陷的基础上形成，并最终成功地超越了它，这种超越主要在于马克思确立了真实的历史性原则。正如恩格斯曾经指出的那样，马克思的历史观“结束了历史领域内的哲学”[2]，不再沿袭对历史的思辨探讨的路径，将“历史”纳入到存在论之中，建立起崭新的历史本体论即历史存在论。

马克思的这一历史性原则的确立，首先是从批判历史哲学的唯心主义本质入手的，而批判坚持的立场是自然与历史的相统一。在马克思看来，不能撇开历史谈自然，亦不能撇开自然谈历史，人类的历史与自然的历史是同一部历史，“历史本身是自然史的即自然界生成为人这一过程的一个现实部分”[3]。本雅明对马克思的这一立场观点的认识切中肯綮：“如果说在黑格尔的体系中……‘物质自然同样也侵害世界历史’，那么马克思则从一开始就是从社会范畴上认识自然的。”[4]

首先来看马克思对迄今为止的唯心主义历史观的本质性的批判。马克思说：

历史总是遵照在它之外的某种尺度来编写的；现

① 《马克思恩格斯选集》第 2 卷，第 13 页。

② 《马克思恩格斯选集》第 4 卷，人民出版社 2012 年版，第 257 页。

③ 马克思：《1844 年经济学哲学手稿》，第 90 页。

④ 汪民安：《生产》第 1 辑，广西师范大学出版社 2004 年版，第 341～342 页。

> 实的生活生产被看成某种非历史的东西，而历史的东西被看成是某种脱离日常生活的东西，某种处于世界之外和超乎世界之上的东西。这样就把人对自然界的关系从历史中排除出去了，因而造成了自然界和历史的对立。因此，这种历史观只能在历史上看到重大政治历史事件，看到宗教的和一般理论的斗争，而且在每次描述某一历史时代的时候，它都不得不赞同**这一时代的幻想**……法国人和英国人至少抱着一种毕竟是同现实最接近的政治幻想，而德国人却在“纯粹精神”的领域中兜圈子，把宗教幻想推崇为历史的动力。黑格尔的历史哲学是整个这种德国历史编纂学的最终的、达到自己“最纯粹的表现”的成果。……这种历史哲学后来在圣布鲁诺看来也一定是一连串的“思想”，其中一个吞噬一个，最终消失于“自我意识”中。[①]

以上这段论述中，马克思戳穿了这种历史观的唯心主义本质，其根源在于对自然与历史关系的割裂和对立，这样导致的后果是从历史的本原性的存在之外来审视历史，人们现实的生活过程反倒成为非历史的存在，纯粹的精神、自我意识却变成历史的核心，成为支配一切的力量。因此，他们眼中的历史就成为具体的政治历史事件这些“僵死的事实的汇集”[②]，或者是抱着时代幻想、将历史视作是“想象的

① 《马克思恩格斯选集》第1卷，第173～174页。

② 《马克思恩格斯选集》第1卷，第153页。

主体的想象活动”[①]。换言之，历史是由细碎的日常经验的累积，这些日常经验经过范畴的规定上升为科学研究的事实，它归属于不同的“事实领域”。然而，这些经验事实却并非“事情”本身，在马克思看来，这不过是思辨唯心主义所讲的“意识的空话”[②]，“他们也只是提供观念的历史，这种历史是和构成这些观念的基础的事实与实际发展过程脱离的”[③]。

与这种思辨的历史哲学不同，马克思的历史唯物主义主张“‘历史’并不是把人当作达到自己目的的工具来利用的某种特殊的人格。历史不过是追求着自己目的的人的活动而已”[④]。人类历史则是人的“能动的生活过程”[⑤]，这个活动即感性活动之劳动，历史的主体是现实的个人，这个现实的个人不在理性范畴的规定性之中，而是包括了人类的感性活动和物质生活条件，即“我们开始要谈的前提不是任意提出的，不是教条，而是一些只有在臆想中才能撇开的现实前提”[⑥]。也就是说，历史唯物主义将历史哲学在臆想中撇开的现实的前提出发去理解历史。由此，人类的历史是感性活动的历史，即劳动的历史，这是人与自然界在这种活动

① 《马克思恩格斯选集》第 1 卷，第 153 页。
② 《马克思恩格斯选集》第 1 卷，第 153 页。
③ 《马克思恩格斯选集》第 1 卷，第 175 页。
④ 《马克思恩格斯全集》第 2 卷，人民出版社 1957 年版，第 118 页。
⑤ 《马克思恩格斯选集》第 1 卷，第 153 页。
⑥ 《马克思恩格斯选集》第 1 卷，第 146 页。

中被改变的历史，是自然向人生成的历史，同时又是人类社会产生的历史的同一部历史："整个所谓世界历史不外是人通过人的劳动而诞生的过程，是自然界对人来说的生成过程。"①

在西方的传统观念之中，无论是基督教的造物主和被造物之间的二元结构中，还是近代启蒙思想的人与自然界的二元对立中，自然的价值在于其被人类所需要。面对自然，人是认识与改造它的主体的存在，自然是人类征服的对象。但是在马克思这里，人就是置身于自然环境中的一部分，自然与人类社会不可分割："自然界，就它自身不是人的身体而言，是人的无机的身体。……所谓人的肉体生活和精神生活同自然界相联系，不外是说自然界与自身相联系，因为人是自然界的一部分。"②没有脱离自然的人，也没有脱离人的自然，只有人和自然的统一，即"自然界的人的本质，或者人的自然的本质"③。因此，马克思认为，"因为人和自然界的实在性，即人对人来说作为自然界的存在以及自然界对人来说作为人的存在，已经成为实际的、可以通过感觉直观的，所以关于某种异己的存在物、关于凌驾于自然界和人之上的存在物的问题，即包含着对自然界的和人的非实在性的承认的问题，实际上已经成为不可能的了"④。

---

① 马克思:《1844 年经济学哲学手稿》,第 92 页。
② 马克思:《1844 年经济学哲学手稿》,第 56～57 页。
③ 马克思:《1844 年经济学哲学手稿》,第 89 页。
④ 马克思:《1844 年经济学哲学手稿》,第 92 页。

这就是自然与历史在存在论性质上的统一，马克思恰恰是洞悉了两者之间的这一统一性，才能够将黑格尔的客观的理性精神落实到人的现实的活动的历史当中，由此改变了自近代启蒙以来的以理性为根基的路线，开辟了转向真正的历史本体论的先河。

马克思的《德意志意识形态》在对历史性原则构成的具体论述当中，进一步呈现了他对思辨的历史哲学的批判及其历史唯物主义的新主张：

其一，"我们首先应当确定一切人类生存的第一个前提，也就是一切历史的第一个前提，这个前提是：人们为了能够'创造历史'，必须能够生活。但是为了生活，首先就需要吃喝住穿以及其他一些东西。因此第一个历史活动就是生产满足这些需要的资料，即生产物质生活本身。而且，这是人们从几千年前直到今天单是为了维持生活就必须每日每时从事的历史活动，是一切历史的基本条件"[①]。在上面这段论述中，马克思提出了与唯心主义历史观主张历史是理性精神的历史针锋相对的观点：人类的第一个历史活动就是生产物质生活本身。生产物质生活之于历史的重大意义不只是表现在它能够生产出人类的生命活动所需的生活资料，更重要的是对人的感性存在和感性生活的生成，换言之，是对人的社会性的生成。马克思提醒人们上述事实的意义和范围是任何历史观都必须注意和重视的，而唯心主

① 《马克思恩格斯选集》第1卷，第158页。

义历史观的错误就在于忽视了这一点,“德国人从来没有这样做过,所以他们没有为历史提供世俗基础”[①]。

其二,“第二个事实是,已经得到满足的第一个需要本身、满足需要的活动和已经获得的为满足需要而用的工具又引起新的需要,而这种新的需要的产生是第一个历史活动”[②]。在这段论述中,马克思阐明了推动历史发展的力量问题。黑格尔的看法是个人的思想行动中蕴藏着的热情、意志和欲望是理性精神实现自身目的的手段:“这一大堆的欲望、兴趣和活动,便是‘世界精神’为完成它的目的——使这个目的具有意识,并且实现这目的——所用的工具和手段。”[③]而马克思所说的“需要”,指的并不是自然所设定的动物的天然的需要,也不是黑格尔所谓的激情欲望一类的非理性的精神,而是具有人的属性的需要即感性需要。不同于具有个体特质的非理性,感性需要是对人类社会关系的需要,它只有扎根于感性劳动建构社会关系的活动中才会生成与发展,而不是存在于人们的精神活动当中。当人们对社会关系的需要获得满足之后,在生产物质生活本身的感性活动的创造中,会进而生成新的感性需要,由此推动了人类社会的历史进程。马克思这样说道:“全部历史是为了使‘人’成为感性意识的对象和使‘人作为人’的需要成为需

---

① 《马克思恩格斯选集》第1卷,第159页。

② 《马克思恩格斯选集》第1卷,第159页。

③ [德]黑格尔:《历史哲学》,第26页。

要而作准备的历史（发展的历史），历史本身是自然史的即自然界生成为人的这一过程的一个现实部分。”[1]

其三，“一开始就进入历史发展过程的第三种关系是：每日都在重新生产自己生命的人们开始生产另外一些人，即繁殖。这就是夫妻之间的关系，父母和子女之间的关系，也就是**家庭**。这种关系起初是唯一的社会关系”[2]。在关于历史性的第三个阐述中，马克思首先提出了家庭关系是最早出现的社会关系的形式以及家庭、社会、劳动是一同诞生的观点。家庭关系之所以能够诞生，在马克思看来，是人们有着对于与他人交往的迫切需要的感性意识。家庭是个体之间交往的开始，当具有了发现人与人之间家庭伦理这种感性联系的感性意识，人类才走出了群婚制，建立起这一社会组织形式。马克思也说过“意识一开始就是社会的产物”[3]，这句话不仅表达了意识是对社会关系的发现和需要的意识的观点，而且，马克思更想强调的一点是，意识不是现成被给予的，而是被劳动生产出来的。所以，他接着说：“这样，生命的生产，无论是通过劳动而生产自己的生命，还是通过生育而生产他人的生命，就立即表现为双重关系：一方面是自然关系，另一方面是社会关系；社会关系的含义在这里是指许多个人的共同活动，不管这种共同活动是在什

---

① 马克思：《1844 年经济学哲学手稿》，第 90 页。

② 《马克思恩格斯选集》第 1 卷，第 159 页。

③ 《马克思恩格斯选集》第 1 卷，第 161 页。

么条件下、用什么方式和为了什么目的而进行的……由此可见，人们之间一开始就有一种物质的联系。这种联系是由需要和生产方式决定的，它和人本身有同样长久的历史。”[①]马克思还提到：“后来，当需要的增长产生了新的社会关系而人口的增多又产生了新的需要的时候，这种家庭便成为从属的关系了(德国除外)。这时就应该根据现有的经验材料来考察和阐明家庭，而不应该像通常在德国所做的那样，根据‘家庭的概念’来考察和阐明家庭。”[②]也就是说，马克思想表明的是要从现实的前提出发思考历史问题，而不是以意识为起点。

其四，“不应该把社会活动的这三个方面看做是三个不同的阶段，而只应该看做是三个方面，或者，为了使德国人能够明白，把它们看做是三个‘因素’。从历史的最初时期起，从第一批人出现以来，这三个方面就同时存在着，而且现在也还在历史上起着作用”[③]。马克思在这段论述中明确指出，以上所考察的原初的历史的这三重关系并不是独立在三个不同的历史阶段中，而应被视为社会活动的同时展开的三个方面。

这就是马克思对历史性原则的分析，我们可以用他自己的表述来总结其思想：“由此可见，这种历史观就在于：从

---

① 《马克思恩格斯选集》第1卷，第160页。
② 《马克思恩格斯选集》第1卷，第159页。
③ 《马克思恩格斯选集》第1卷，第159～160页。

直接生活的物质生产出发阐述现实的生产过程……这种历史观和唯心主义历史观不同，它不是在每个时代中寻找某种范畴，而是始终站在现实历史的**基础**上，不是从观念出发解释实践，而是从物质实践出发来解释各种观念形态。”[①]

这样，马克思在自然与历史相统一的关系中，在人类的感性实践活动及其历史运动过程这一“存在”中指认出了事物的“历史性”，论证了历史唯物主义的历史性原则，将历史性真正落实到哲学当中。由此，历史唯物主义成就为不单单是一种唯物主义的历史观，还是建立在感性活动之历史性基础上的存在论新视域。

---

① 《马克思恩格斯选集》第 1 卷，第 171～172 页。

第二章　历史存在论视域与历史唯物主义的科学性

上一章首先考察了康德和黑格尔的历史哲学思想，进而阐明了马克思如何在自然与历史相统一的关系中深入批判以黑格尔为代表的一切唯心主义历史观，在人的现实的活动中确立起真实的历史性原则，开启了历史唯物主义存在论的新视域。

本章将要探讨历史唯物主义存在论这一新视域的主要内容以及历史唯物主义科学性的问题。主要澄清历史唯物主义的基本性质，呈现真实的历史性原则是在“唯物”与“辩证法”中得以实现的，阐明历史唯物主义科学性的根源是在感性劳动的辩证法中理解和把握历史。历史唯物主义实现了感性与历史性的统一，因此，历史唯物主义的理论逻辑能达到与历史的真正的统一，成就为言说现实的个人及其能动的生活过程的具有真正科学性的理论学说，并敞开了通向马克思所追求的“真正的知识”即历史科学的正确路径，开创了历史存在论的新视域，揭开了人类思想史的光辉的新篇章。

第一节　新唯物主义：现实的自然界[①]

历史唯物主义是人类思想史上具有里程碑意义的文明成果，它概括地表达了人类知识和思想的真正性质和任务，提供了迄今为止对人类所陷入的文明危机的本质来历的最深刻的分析，澄清了当代社会科学研究的理论基石与发展路径，而这正是由于历史唯物主义实现了对西方传统形而上学的扬弃，在对资本时代之形成的深刻理解中开启了崭新的历史存在论新视域。

这一新视域的主要原则可以归纳为以下两点：其一，作为感性活动的劳动即“实践”是建构人类世界的根基。其二，只有从实践出发而不是从意识本身的辩证运动出发去阐明观念和知识的形成过程，才能揭开思辨范畴对生活世界的形而上学的遮蔽，使建立在理性法则基础之上所构建起来的科学研究的真正基础即本真生活真正呈现出来，从而阐明事物的本质，形成真正的知识。

---

① 本节曾作为《历史唯物主义基本性质的存在论解读》一文部分内容，发表于《学术研究》2018 年第 2 期。

然而,令人扼腕叹息的是,一直以来这一新视域都遭受着近代知性科学式的误读的遮蔽。这种误读集中体现为三点:一是基于辩证法是自然辩证法、唯物主义是马克思思想的哲学基础的观点,认为历史唯物主义只是将自然的法则贯穿至社会历史领域的思想学说。二是由于马克思强调物质生产在人类社会历史发展中的基础性地位,经济生活的基本规律是历史唯物主义主要的关注点,历史唯物主义因此只是经济学视域中的唯物主义,并且具有经济决定论的倾向。三是历史唯物主义是为每个历史时代开出了普适性药方的一种历史哲学,人类历史在历史唯物主义视域中只是由不同的生产方式串联起来的由低级到高级的社会进化的序列。

结束近代知性误读是深化对马克思思想的真精神的领会、正确认识历史唯物主义的科学性及其当代价值最重要的内容之一。在这一研究工作中,首要的任务是澄明历史唯物主义的基本性质。

首先需要探讨的是,作为一种"新"唯物主义呈现的历史唯物主义,究竟是在什么意义上谈论"唯物"的?

谈起这一点,人们或许首先想到的是"物质",这样的联想是从物质本体论意义上领会和把握历史唯物主义,它的基本观点是世界统一于物质。这当然不是马克思思想的原意,在《1844年经济学哲学手稿》中马克思就曾指明:

> 正像自然界曾经被思维者禁锢于他的这种对他本身来说也是隐秘的和不可思议的形式即绝对观念、思

> 想物中一样，现在，当他把自然界从自身释放出去时，他实际上从自身释放出去的只是这个**抽象的自然界**……即这个自然界是思想的异在。[①]

在这段论述中，马克思视黑格尔的作为抽象思维结果的自然界为“抽象的自然界”，并批判其只是“思想的异在”，换言之，这是一个停留在思维领域的范畴。事实上，物质本体论所谓的“物质”概念恰恰就是马克思所批判的这个“抽象的自然界”。

那么，历史唯物主义的“唯物主义”又究竟意味着什么呢？

与以往的一切旧唯物主义有着本质差异的是，历史唯物主义之所以是“唯物主义”的，根本原因在于它能发现和辨别什么才是为人类历史奠基的真正的社会现实，从而实现了理论的真实的现实性。马克思在“现实的自然界”这一本体论概念中为我们展示了这一

① 马克思：《1844 年经济学哲学手稿》，第 116～117 页。

点:“在人类历史中即在人类社会的形成过程中生成的自然界,是人的现实的自然界。”[①]马克思认为,科学研究的根基应当在人类的历史之中,换言之,在自然史和人类历史的相统一的这同一部历史当中,因为它是一切科学的源头和扎根之处,这是马克思的历史唯物主义的根本的观点,其研究的出发点即是自然界在人类历史的变迁。因此,与“抽象的自然界”不同,马克思提出的这个“现实的自然界”并不是只停留在人们的认知领域,而是彻底实现了从抽象到现实的过渡,若要完全阐明这一点,首先需要进一步了解的是马克思的“感性”概念。在《关于费尔巴哈的提纲》中,马克思指出,应该“把感性理解为实践活动的唯物主义”[②]。他的新唯物主义之所以“新”,根本就在于马克思对感性作了全新的阐释。

在西方思想传统中,“感性”概念往往都是从认识论的意义上被探讨,但在马克思的历史唯物主义所确立的历史存在论新视域中,它首次被赋予了存在论内涵。“感性”既不是人类固有的先验认识能力,也不是生物学意义上的人的感官功能或意识的主观活动,以上这两种理解都将感性归属在意识的内在性之中,因而感性活动的对象就成为思辨的产物。在马克思这里,感性被理解为领悟并造就人类社会性的交往意识,同时也是建构着人类社会的感性活动。

① 马克思:《1844 年经济学哲学手稿》,第 89 页。

② 《马克思恩格斯选集》第 1 卷,第 140 页。

感性具有三个基本特点：社会性、对象性和历史性。感性的社会性指的是作为感性的人的欲望、激情、需要并非个体的固有本性，而是具有社会的共通性。在马克思之前，费尔巴哈首先对黑格尔哲学的思辨前提作了唯物主义的批判，由此开创了感性本体论。但是马克思认为，即便费尔巴哈曾经提出过感性原则，但也并不意味他就成功地确立了真正的感性本体论。在《德意志意识形态》中马克思批判费尔巴哈的唯物主义的着力点就是费尔巴哈的感性原则，他说：

> 诚然，费尔巴哈与"纯粹的"唯物主义者相比有很大的优点：他承认人也是"感性对象"。但是，他把人只看作是"感性对象"，而不是"感性活动"，因为他在这里也仍然停留在理论领域，没有从人们现有的社会联系，从那些使人们成为现在这种样子的周围生活条件来观察人们。[①]

马克思还指出："费尔巴哈也使'人与人之间的'社会关系成了理论的基本原则"[②]，然而"除了爱和友情，而且是理想化了的爱与友情以外，他不知道'人与人之间'还有什么其他的'人的关系'。……正是在共产主义的唯物主义者看到改造工业和社会结构的必要性和条件的地方，他却重新

① 《马克思恩格斯选集》第 1 卷，第 157 页。

② 马克思：《1844 年经济学哲学手稿》，第 96 页。

陷入唯心主义"[①]。

分析以上这几段话可以发现，马克思认为费尔巴哈的唯物主义的根本缺陷是他的感性的社会性依然是抽象的，因为他只是一味拘泥在抽象的爱的关系当中去领会人的类存在。关于这一点，卡尔·洛维特对费尔巴哈有过这样的评价："用黑格尔的'精神'历史的尺度来衡量，费尔巴哈粗鲁的感觉主义与黑格尔以概念方式组织起来的理念显然是一种倒退，是用夸张和意向来取代内容的思维野蛮化。"[②]

马克思与费尔巴哈的重要分殊首先就体现在马克思的感性达到了真正的社会性，这是因为他将感性视作是"对象性活动"："当现实的、肉体的、站在坚实的呈圆形的地球上呼出和吸入一切自然力的人通过自己的外化把自己现实的、对象性的本质力量设定为异己的对象时，设定并不是主体；它是对象性的本质力量的主体性，因此这些本质力量的活动也必须是对象性的活动。"[③]为什么说这种本质力量的活动是一种对象性的活动？马克思的依据是这种"设定并不是主体"。人的确可以设定对象，但这种设定并不源自近代哲学意义上的意识主体，也不是生物学意义上的自然存在物，更不是费尔巴哈所谓的纯粹感性直观中的类本质，"它是对象性的本质力量的主体性"，感性即是这一"主体

---

① 《马克思恩格斯选集》第1卷，第157～158页。

② [德]卡尔·洛维特：《从黑格尔到尼采——19世纪思维中的革命性决裂》，李秋零译，三联书店2006年版，第107页。

③ 马克思：《1844年经济学哲学手稿》，第105页。

性”领会自身存在的能力。马克思说：“人不仅仅是自然存在物，而且是人的自然存在物，就是说，是自为地存在着的存在物”[①]，而且“主体性”的这种领会是从存在论意义上的通过对象性关系所提供的：“人与其自身之存在的关系，不是主体创造客体的认识关系，而是人将自身的对象性本质力量确立为对象性存在物的关系。”[②]之所以能够有这种特殊的主体性，是因为人本身具有“现实的、对象性的本质力量”[③]。所谓“现实的、对象性的本质力量”，意味着这种力量绝非思维的力量，这种本质力量的活动证明了“自然界的人的本质，或者人的自然界的本质”[④]，一方面，自然界的对象制约着人及其活动；另一方面，自然界的对象是人实现自身的可能性并表现人的对象性本质力量的向人呈现出来的世界。换言之，这印证的恰恰是人与自然界之间对象性关系的存在，而正是这一对象性关系使感性获得了真正的社会性。这样，感性意识即是在人与自然的交互作用中感悟人类社会关系的一种交往意识，劳动是它的展开过程，这一过程的产物不只是作为人的对象性存在的物质财富，同时还有现实的社会关系的建构。因此，唯有在这一对象性关系中，感性的社会性才不会停留在空洞抽象的理论层面而实

---

① 马克思：《1844年经济学哲学手稿》，第107页。

② 王德峰：《在当代境况中重读历史唯物主义》，《云南大学学报（社会科学版）》2015年第4期。

③ 马克思：《1844年经济学哲学手稿》，第105页。

④ 马克思：《1844年经济学哲学手稿》，第89页。

现了现实性。

感性的历史性的特点指的是感性意识的生成是一个历史过程，同样，它必须在人的对象性活动中展开，也就是说，人在自然界中实现自己的对象性存在的活动是一个历史过程。正是由于感性具备这一特点，才造就了人类社会及其更迭。因此，人类的历史就其本质而言是一部感性活动的历史，是人与自然界在这种活动中都被改变的历史。

当马克思赋予感性以崭新的存在论意蕴时，与以往思想史上对劳动的轻视以及从知性科学的角度将劳动解读为纯粹经济学意义上的劳动进而对历史唯物主义作了经济决定论的误读不同，马克思由此赋予了劳动以完全积极的现实意义，这种意义更深层次的表现是劳动的实践化。将感性理解为创生感性的社会关系的活动时，说明马克思不仅赋予感性以存在论内涵，而且在人类思想史上首次赋予劳动以实践的内涵，并且将其作为构建历史唯物主义本体论的基石，因为劳动不仅是人以自身为目的的活动，而且还是以类生活为对象的活动："劳动的对象是人的类生活的对象化。"[①]类生活不是自然直接赋予的，而是有待人们在劳动中创造出来。劳动的实践化为马克思发现真正的现实提供了依据，类生活即是"现实的自然界"，它以人类的感性活动为基础，由此能动地展开社会生活过程。这正是马克思在《关于费尔巴哈的提纲》一文中指明的："新唯物主义的立脚点

① 《马克思恩格斯选集》第1卷，第57页。

则是人类社会或社会化的人类。”[①]以现实的自然界为基础的唯物主义由此揭开了人类思想史的崭新一页。

第二节 在感性辩证法中把握历史[②]

在正统的马克思主义者那里，马克思的辩证法被解读为自然辩证法，换言之，以自然界为辩证法的载体，但事实并非如此。要澄明这一问题，首先需要厘清的是马克思和黑格尔在辩证法问题上的究竟关系。

德国学术界曾一度盛行斥责黑格尔辩证法为“死狗”的浅薄时尚。[③] 与此不同的是，马克思首先给予了黑格尔充分的肯定，他说：“今天在德国知识界发号施令的、愤懑的、自负的、平庸的模仿者们，却已高兴地像莱辛时代大胆的莫泽斯·门德尔松对待斯宾诺莎那样对待黑格尔，即把他当作一条‘死狗’了，因此，我公开承认我是这位大思想家的学生。……辩证法在黑格尔手中神秘化了，但这决没有妨碍他第一个全面地有意识地叙述了辩证法的一般运动形式。”[④]但是，与此同时马克思也一针见血地指出了黑格尔辩

① 《马克思恩格斯选集》第1卷，第140页。

② 本节曾作为《历史唯物主义基本性质的存在论解读》一文部分内容，发表于《学术研究》2018年第2期。

③ 参见俞吾金：《自然辩证法，还是社会历史辩证法？》，《社会科学战线》2007年第4期。

④ 《马克思恩格斯选集》第2卷，第94页。

证法的致命之处，即黑格尔的辩证法的一般运动形式是绝对精神的自我运动。绝对精神的自我认识过程展现了人类社会历史的演进历程，而这一过程的实现必须是在其自我矛盾和自我否定的运动当中，从这个意义上来说，历史在黑格尔这里既是精神运动的基本原则，也是辩证法的基本原则。[①] 马克思指责黑格尔的这个"历史"展现的绝非历史的真实轨迹，他说："全部外化历史和外化的全部消除，不过是抽象的、绝对的思维的生产史，即逻辑的思辨的思维的生产史。"[②]因而正是黑格尔辩证法的思辨性，窒息了历史的丰富的感性内容。哈贝马斯赞同马克思对黑格尔的这一批判，指出尽管黑格尔在历史过程之中去理解社会现实，却使历史丰富的感性内容仅仅成为理性发展进程中用以展开自身的工具："黑格尔恰恰就是用他的现实性概念把奠定现代性基础的关键环节搁置到了一边：意义深远的短暂瞬间。"[③]

借助于黑格尔的辩证法，历史的维度进入了马克思的视域，然而这一辩证法"具有完全抽象的'思辨的'形式"[④]，它的神秘性遮蔽了真正的社会现实，而马克思的任务则是要深入到历史的本质性之中使其现身。

马克思首先从破除黑格尔辩证法的神秘性入手，他在给狄慈根的信中写道："辩证法的真正规律在黑格尔那里已

① 参见贺来：《历史唯物主义的辩证本性》，《中国社会科学》2012 年第 3 期。
② 马克思：《1844 年经济学哲学手稿》，第 99 页。
③ [德]哈贝马斯：《现代性的哲学话语》，第 62 页。
④ 《马克思恩格斯选集》第 2 卷，第 11 页。

经有了，当然是具有神秘的形式。必须去除这种形式。”[①]恩格斯去除这一形式的做法是将黑格尔辩证法的载体“绝对精神”替换成“自然”，他以为这样就成功地改造了黑格尔辩证法的唯心主义形式。马克思并不认同这一做法，因为恩格斯所谓的“自然”，事实上是与人的感性活动相分离的自然，而马克思认为这个自然是现实的自然界，不仅如此，它还是辩证法的基石，正如哈贝马斯转述的赫尔曼·鲍尔诺夫的观点那样：“对于青年马克思来说，辩证法本质上是历史的，并且，辩证法离开了社会运动的自然辩证法，是不可思议的。”[②]无独有偶，蒂里希也有类似的看法：“对于马克思来说，辩证法并不是叮当有声的机械装置。……决定历史的是纯粹的历史内在因素。”[③]他指出的这一“纯粹的历史内在因素”在马克思这里，即是现实的自然界——“物质的生活关系”[④]。马克思在批判黑格尔的法哲学和国民经济学的前提时触及这一领域，他说：“这种物质的生活关系的总和，黑格尔按照18世纪的英国人和法国人的先例，概括为‘市民社会’。”[⑤]当黑格尔认为国家和法的理性能够揭示物质的生活关系的真理，在其法哲学中依旧认为市民社会是国家理

① 《马克思恩格斯文集》第10卷，人民出版社2009年版，第288页。

② ［德］哈贝马斯：《理论与实践》，郭官义等译，社会科学文献出版社2004年版，第418页。

③ ［美］保罗·蒂里希：《蒂里希选集》（上），何光沪选编，三联书店1999年版，第57～58页。

④ 《马克思恩格斯选集》第2卷，第2页。

⑤ 《马克思恩格斯选集》第2卷，第2页。

念的一个环节时，马克思却在现实生活中发掘出了辩证法的根基。[①] 他说："在思辨终止的地方，在现实生活面前，正是描述人们实践活动和实际发展过程的真正的实证科学开始的地方"[②]，而且"只要描绘出这个能动的生活过程……也不再像唯心主义者所认为的那样，是想象的主体的想象活动"[③]。马克思要描绘出的"这个能动的生活过程"指的就是物质的生活关系。具体而言，它是人们在感性活动中创生资本主义历史的过程，这一过程由资本主义社会的内在矛盾所推动，绝非观念的自我运动。在对资本主义的物质生活关系透彻的分析中，马克思道出了资本主义的真相。在《资本论》中，马克思围绕着商品这一范畴，揭示出商品的使用价值与价值之间的矛盾以及具体劳动与抽象劳动之间的矛盾，进而将资本主义社会的根本矛盾归结到活劳动与死劳动上，由此揭示了资本是统治与支配资本主义社会的根本的生存原则。[④] 哈贝马斯曾这样恰当地评价道："历史辩证法表达的是劳动关系的内部矛盾和外部活动。"[⑤]从这个意义上说，马克思的辩证法是感性劳动的辩证法，物质生活关系才是其辩证法真正的立脚点。哈贝马斯认同马克思的

---

① 参见王德峰：《在当代境况中重读历史唯物主义》，《云南大学学报（社会科学版）》2015 年第 4 期。

② 《马克思恩格斯选集》第 1 卷，第 153 页。

③ 《马克思恩格斯选集》第 1 卷，第 153 页。

④ 参见孙正聿：《辩证法：黑格尔、马克思与后形而上学》，《中国社会科学》2008 年第3 期。

⑤ [德]哈贝马斯：《理论与实践》，第 474 页。

这一立场观点，他说："只有当辩证法被想象为各种社会状况的一种社会状况时，这些社会状况才能得到认识。"[①]换言之，辩证法无法在神秘抽象的层面得以实现，只有深入到社会现实中的辩证法才是真正的辩证法。哈贝马斯的这一表述也恰恰是对历史唯物主义的基本命题"不是意识决定生活，而是生活决定意识"[②]的最好的领会。

马克思的辩证法超拔于黑格尔之处还在于它的批判性与革命性。社会现实具有内在的矛盾与冲突说明其自身就具备革命性与批判性的特质。马克思的历史唯物主义是能够洞悉真正的社会现实的理论学说，在这其中，辩证法"是描述社会力量、社会冲突和社会趋势的一种方法"[③]。由于理论学说只是如实展示出社会现实的特点，因而其辩证法也就具备了批判性与革命性。正如马克思所言："辩证法不崇拜任何东西，按其本质来说，它是批判的和革命的。"[④]

马克思曾经强调："我的辩证方法，从根本上来说，不仅和黑格尔的辩证方法不同，而且和它截然相反。"[⑤]事实的确如此，围绕着感性劳动、以现实的自然界为立脚点，崭新的辩证法在马克思这里确立了起来，其特性亦成为历史唯物主义的本质属性。在此基础上，历史唯物主义成就为阐释

① ［德］哈贝马斯：《理论与实践》，第264页。

② 《马克思恩格斯选集》第1卷，第152页。

③ ［美］保罗·蒂里希：《蒂里希选集》（上），第57页。

④ 《马克思恩格斯选集》第2卷，第94页。

⑤ 《马克思恩格斯选集》第2卷，第93页。

关于现实的个人及其能动的生活过程的学说，而如此诠释的辩证法便彰显了人类历史发展的真实内涵。

第三节 逻辑与历史的统一[①]

马克思正是在自然与历史相统一的基础上，在感性劳动的辩证法中实现了感性与历史性相统一，将概念的历史与现实的历史明确区分了开来，因此，历史唯物主义这一思想学说的理论"逻辑"统一到历史中来，实现了逻辑和历史的统一，从而彰显了历史唯物主义的科学性。具体而言，"逻辑与历史相统一"是马克思在深入批判古典政治经济学过程中确立起来的科学的方法论原则，这为廓清科学研究的具体路径做出了重要的贡献。然而一直以来，学界始终存在着以知性科学的阐释方式来理解马克思的历史唯物主义的做法，从而也就导致了对这一方法论原则的误读，这种误读表现在对"逻辑"与"历史"究竟如何统一、"历史"的真实内涵等问题的认识蔽而不明。鉴于此，有必要进一步从历史存在论视域下澄清和还原"逻辑与历史相统一"的真实内涵。

① 本节曾作为《重思马克思的"逻辑与历史相统一"——基于历史存在论的考察》一文的部分内容，发表于《理论探索》2018 年第 4 期。

一、知性科学的阐释：范畴的逻辑次序与历史进程相统一

谈到"逻辑与历史相统一"这一方法论原则，可能通常人们会引用恩格斯的一段话，即"历史从哪里开始，思想进程也应当从哪里开始，而思想进程的进一步发展不过是历史过程在抽象的、理论上前后一贯的形式上的反映"[①]来加以阐释，认为"逻辑与历史相统一"的含义就是范畴的逻辑次序与历史进程相统一而已。在这种阐释当中，历史代表了人类社会发展客观进程的次序性，逻辑是对历史认识的范畴运动的规律，逻辑与历史的统一就表现为范畴从简单到复杂、从抽象到具体的这一顺序都保持了与历史发展进程次序性的一致。这从本质上来说，是一种从知性科学的角度作出的阐释。因为首先他们将人类历史视作是线性的、必然的、前进的发展，这就具有了历史客观主义的倾向。其次，逻辑与历史的"相统一"仅仅意味着次序性意义上的符合是一种实证主义式的阐释。倘若陷入以上的思路，就无法领会到"逻辑与历史相统一"的真正要义，因为马克思的"逻辑与历史相统一"根本不是从任何诸如经济学、政治学之类的知性科学研究的路径中获得的成果，他恰恰是在对这类研究路径批判的基础上提出了这一方法论原则，因此，当然不能从知性科学的视角揣测他的原意。

① 《马克思恩格斯文集》第2卷，第603页。

即便是顺着这种知性阐释的思路考察下去，我们也会发现它的明显漏洞。回到上文提到的恩格斯的那段话，他的确涉及过逻辑与历史相统一的问题，但他是“在《政治经济学批判》的书评中，而不是在介绍《资本论》的文章中讲了如上一段话的。我们也知道，在《政治经济学批判》中，马克思仅仅考察了商品和货币，而没考察资本。商品和货币所体现的是简单的流通领域的社会关系。这种关系远比历史上的一种生产方式即资本主义生产方式下的生产关系要简单得多”①。不仅如此，恩格斯的另一段话更不容忽视：“经济范畴出现的顺序同它们在逻辑发展中的顺序也是一样的。这种形式表面上看来有好处，就是比较明确，因为这正是跟随着现实的发展，但是实际上这种形式至多只是比较通俗而已。”②也就是说，恩格斯说范畴的逻辑次序与历史进程保持了一致性只是为了表达更为通俗易懂罢了，他认为这还不能恰当地阐明“逻辑与历史相统一”的真正的含义。

那么，就范畴的逻辑次序与历史进程是否保持一致性这一问题而言，马克思自己的观点究竟是什么？在他看来，只有在一定的历史条件下才会保持这种一致性。简单的范畴是否一定会在具体的范畴之前存在还需要依情况而定，以货币为例，他阐明了这样一种观点：“在资本存在之前，银

① 沈佩林：《〈资本论〉中范畴的逻辑顺序和历史顺序问题》，《中国社会科学》1981年第2期。

② 《马克思恩格斯文集》第2卷，第603页。

行存在之前，雇佣劳动等等存在之前，货币能够存在，而且在历史上存在过。因此，从这一方面看来，可以说，比较简单的范畴可以表现一个比较不发展的整体的处于支配地位的关系或者一个比较发展的整体的从属关系，这些关系在整体向着以一个比较具体的范畴表现出来的方面发展之前，在历史上已经存在。在这个限度内，从最简单上升到复杂这个抽象思维的进程符合现实的历史过程。"①

而且，他还指出，范畴的逻辑次序未必要与历史进程保持一致性，往往还会出现不一致的状况。在查阅了历史学家的相关文献后，马克思发现在那些经济形式已经很发达、但在历史上还不成熟的社会形式那里，存在着最高级的经济形式，例如发达的分工，但是货币却并不存在，秘鲁就是一个很好的例证。另外，尽管在历史发展的较早阶段货币就已经展现了它的全面的功能，但是它也还仅仅是在商业民族中作为一种处于支配地位的因素发挥作用。甚至在古希腊和罗马时代，当它们处于解体的时期，货币才得到了充分的发展，然而在现代资产阶级社会当中，货币却是社会生活的一个重要前提。因此，马克思认为，货币这个十分简单的范畴，并未经历历史上所有的经济关系，只有在最发达的社会状态之下它才释放出最充分的力量。经过这番深入的考察之后，马克思得出了以下结论：

---

① 《马克思恩格斯选集》第 2 卷，第 702 页。

> 比较简单的范畴，虽然在历史上可以在比较具体的范畴之前存在，但是，它在深度和广度上的充分发展恰恰只能属于一个复杂的社会形式，而比较具体的范畴在一个比较不发展的社会形式中有过比较充分的发展。①

就这一结论而言，我们还可以再进一步用农业劳动、手工业劳动这些具体的劳动来加以说明。农业劳动、手工业劳动要比"劳动一般"或"抽象劳动"更为具体和复杂，但是它们是在较早的不发达社会得到充分发展，而"劳动一般"或"抽象劳动"则是在较晚的发达社会。因此，在这个问题上，马克思最后的判断是："把经济范畴按它们在历史上起决定作用的先后次序来安排是不行的，错误的。"②

另外，我们通过更为全面的考察还发现，马克思在《资本论》当中是从人类社会历史的共时性结构的角度研究事物之间的横向关系。因此，如果将表达这些关系的逻辑顺序就直接等同于历史进程的次序性显然是以偏概全的做法。

至此，我们可以作出判断，不能从人类社会发展客观进程的次序性意义上来理解"历史"，因而也就不能从范畴的逻辑次序与历史进程相统一的角度来谈论"逻辑与历史相统一"，也就是说，这种知性科学的阐释方式是站不住脚的。当然，在这一问题上的确仍然存在着其他的知性阐释方式，

① 《马克思恩格斯选集》第 2 卷，第 703 页。

② 《马克思恩格斯选集》第 2 卷，第 708 页。

例如，逻辑与历史的相统一在于与历史发展趋势的一致性等等，在此不再赘述，因为在马克思这里，只要是在知性科学的阐释视域下，都无法道出其思想的真意，反倒这些阐释正是他要加以批判的。

二、历史存在论阐释：逻辑与实践建构的生活世界相统一

那么，马克思又是从什么角度谈论"逻辑与历史相统一"的呢？他是从自己所创立的历史唯物主义学说开启的有别于一切知性科学的历史存在论视域当中提出并阐发这一观点的。

我们接下来选取古典政治经济学的理论前提——"劳动"范畴，以此为例对马克思的逻辑与历史相统一的历史存在论的真实内涵加以说明。

马克思指出：

> 劳动似乎是一个十分简单的范畴。它在这种一般性上——作为劳动一般——的表象也是古老的。但是，在经济学上从这种简单性上来把握的"劳动"，和产生这个简单抽象的那些关系一样，是现代的范畴。[①]

在以上论述当中，马克思指出了古典政治经济学家所研究的"劳动"范畴事实上是已经经过了他们思想上的抽

① 《马克思恩格斯选集》第 2 卷，第 703 页。

象，也就是“从这种简单性上”获得的“劳动一般”或者“抽象劳动”范畴。换言之，这里的“劳动”已不再是与自然打交道的自然状态的劳动，而是异化了的劳动。古典政治经济学家在探求社会财富的本质和源泉时发现了这个现代社会的产物，马克思将他们的这一发现过程呈现了出来，他说：

> 货币主义把财富看成还是完全客观的东西，看成自身之外的物，存在于货币中。同这个观点相比，重工主义或重商主义把财富的源泉从对象转到主体的活动——商业劳动和工业劳动，已经是很大的进步。但是，他们仍然只是把这种活动本身理解为局限于取得货币的活动。……亚当·斯密大大地前进了一步，他抛开了创造财富的活动的一切规定性——干脆就是劳动，既不是工业劳动，又不是商业劳动，也不是农业劳动，而既是这种劳动，又是那种劳动。有了创造财富的活动的抽象一般性，也就有了被规定为财富的对象的一般性，这就是产品一般，或者说又是劳动一般，然而是作为过去的、对象化的劳动。①

这样，人类劳动的感性特质在古典政治经济学家的思维抽象当中被剔除出去，从而获得了资本主义社会生产过程中劳动的同质化的特点。感性的活生生的人与自然打交道的劳动不复存在，最后剩下的这个抽象的“劳动一般”成

① 《马克思恩格斯选集》第2卷，第703～704页。

为古典政治经济学家建构其理论的逻辑起点。

马克思在阐述古典政治经济学家如何在头脑中获得了"劳动一般"这一范畴后，又进一步指出："劳动一般这个抽象，不仅仅是各种劳动组成的一个具体总体的精神结果。"[①]也就是说，它从本源上不是现代头脑的产物，而是有其更为深刻的历史起源，概言之，"劳动"转变为"劳动一般"是在"产生这个简单抽象的那些关系"[②]中出现的，"劳动一般"这个转变的结果并不是古典政治经济学家在归纳了各种具体劳动的基础上对其加以抽象而获得的思维的结果，而是社会生存条件中孕育了"劳动一般"产生的各种关系和因素，使得一切劳动都表现为某种抽象物——货币之后，抽象思维才据此确定了"劳动一般"的存在。

而且马克思还指出，即使经济学家在进一步运用了从抽象上升到具体的思维过程的这一"显然是科学上正确的方法"[③]，从劳动、需要、交换价值这些简单的范畴上升到国家、国际交换和世界市场这些具体的再现，但是不可否认的是，这也"只是思维用来掌握具体、把它当作一个精神上的具体再现出来的方式。但绝不是具体本身的产生过程"[④]。换言之，具体本身的产生过程也就是这个深刻的历史起源才是研究中最为关键的内容，马克思视其为研究的重要前

---

① 《马克思恩格斯选集》第 2 卷，第 704 页。

② 《马克思恩格斯选集》第 2 卷，第 703 页。

③ 《马克思恩格斯选集》第 2 卷，第 701 页。

④ 《马克思恩格斯选集》第 2 卷，第 701 页。

提，也称之为“社会”，他这样写道：“就是在理论方法上，主体，即社会，也必须始终作为前提浮现在表象面前。”①

因此，有必要再具体分析一下“劳动一般”所产生的这个深刻的历史起源。在人类历史进程中，随着社会分工的逐步发展，人们必须通过交换来获得生存资料和生活资料，社会共同体的再生产也必须借助于它，这样交换就渐渐成为人类社会经济结构的普遍形式和广泛基础。而交换本身要求一个具有社会性意义上的共同的标尺，因此，只有剔除了劳动本来具有的感性特征，才能转化为作为交换的共同尺度的“劳动一般”，所以马克思说：“劳动不仅在范畴上，而且在现实中都成了创造财富一般的手段，它不再是同某种特殊性的个人结合在一起的规定了。”②在生产商品的这个过程之中，商品的价值表征的是一种特定的生产关系，这一关系意味着人要服从于外在的尺度，个体的劳动要转变为由社会必要劳动时间来衡量的“劳动一般”。在这种状况下，个体的感性劳动就被强行纳入到了整体性的社会劳动机制当中，随之而来的一种后果是，人的特质与自身相剥离而转变成商品的东西与自身相对立，“劳动一般”取得了无条件的主体的地位，因此马克思感叹道：“这个现代经济学的起点，才成为实际上真实的东西。”③“劳动一般”从此化身

① 《马克思恩格斯选集》第2卷，第702页。
② 《马克思恩格斯选集》第2卷，第704页。
③ 《马克思恩格斯选集》第2卷，第705页。

为在个人之外并支配着个人的异己的社会力量，也就是积累起来的死劳动对活劳动的支配关系，质言之，资本原则对社会中个体的全面的支配关系。一般来说，"劳动一般"已经是抽离了其感性特征而成为抽象之物，不再具有现实性，可是在现代资本社会当中，它却又真实地发挥着作用，这看起来是一件匪夷所思的事件，然而正是这种匪夷所思道出了社会现实的本质：资本原则已经成为现代社会普遍的支配原则，人类深深地陷入到普遍异化的社会状况当中而无法解脱。

以上事例的分析，说明了逻辑与历史的相统一，是与深刻的历史起源的相统一。马克思指出："劳动这个例子令人信服地表明，哪怕是最抽象的范畴，虽然正是由于它们的抽象而适用于一切时代，但是就这个抽象的规定性本身来说，同样是历史条件的产物，而且只有对于这些条件并在这些条件之内才具有充分的适用性。"[①]因此，他认为："把经济范畴按它们在历史上起决定作用的先后次序来安排是不行的，错误的。它们的次序倒是由它们在现代资产阶级社会中相互关系决定的，这种关系同表现出来的它们的自然次序或者符合历史发展的次序恰好相反。问题不在于各种经济关系在不同社会形式的相继更替的序列中在历史上占有什么地位。更不在于它们在'观念'上的顺序，而在于它们

① 《马克思恩格斯选集》第2卷，第705页。

在现代资产阶级社会内部的结构。”[①]换言之，逻辑与历史的相统一不能用与历史进程的次序性的统一来表达，统一是与“相互关系”或“内部的结构”的一致性，而这种“相互关系”或“内部的结构”，马克思指称的就是生产关系，他形容生产关系在社会中的地位和影响是“一种普照的光”[②]，“一种特殊的以太”[③]。在马克思这里，生产关系不是作为知性科学的“经济学意义上的生产关系，而是全部社会关系意义上的生产关系”[④]，它是由生产实践所建构起来的那个生活世界，即便马克思没有使用“生活世界”这个术语，在他的历史存在论视域中，生产关系都“是人的理性前的社会存在，是人与人之间的感性交往，是个人原始地身处于其中的‘社会生活条件’”[⑤]。正是这个生活世界决定了理论的逻辑理路和架构。就“劳动一般”这个古典政治经济学的理论起点而言，它即是对“劳动”本身的所发生的现实的异化的能动再现，倘若没有社会现实的这一异化过程，就根本不会出现“劳动一般”这个抽象范畴，而“这些抽象本身离开了现实的历史就没有任何价值，它们只能对整理历史资料提供某些

---

① 《马克思恩格斯选集》第 2 卷，第 708 页。

② 《马克思恩格斯选集》第 2 卷，第 707 页。

③ 《马克思恩格斯选集》第 2 卷，第 707 页。

④ 夏巍：《从存在论视域看哈贝马斯与马克思对资本的批判》，《南京社会科学》2015 年第 6 期。

⑤ 夏巍：《从存在论视域看哈贝马斯与马克思对资本的批判》，《南京社会科学》2015 年第 6 期。

方便”[①]。不仅如此，我们还由此可以回应上文中的范畴的逻辑次序与历史进程不一致的问题。具体的、复杂的农业劳动和手工业劳动等范畴之所以充分发展于较早的简单的不发达社会，正是因为这一历史阶段还未出现现实生活的劳动的异化状况；换言之，从这种具体的现实中产生出来的大多是具体的、复杂的范畴，而抽象的、简单的“劳动一般”范畴之所以会在较晚的发达的社会得到充分的发展，这都是现实生活发生了劳动的异化而导致的结果，因此，这里并没有违背逻辑与历史相统一的原则，倒是恰恰印证了它。

那么，如何进一步将马克思的“逻辑与历史相统一”这一方法论原则的历史存在论内涵完整而准确地揭示出来呢？

从马克思建立的这一崭新视域来审视：其一，他首先强调的是作为感性活动的劳动即“实践”是建构人类世界的根基；其二，只有从实践出发而不是从意识本身的辩证运动出发去阐明观念和知识的形成过程，才能揭开思辨范畴对生活世界的形而上学的遮蔽，使建立在理性法则基础之上所构建起来的科学研究的真正基础即本真生活真正呈现出来，从而阐明事物的本质，形成真正的知识。马克思这样阐释自己的这一立场和观点：

> 它不是在每个时代中寻找某种范畴，而是始终站在现实历史的**基础**上，不是从观念出发来解释实践，而

① 《马克思恩格斯选集》第1卷，第153页。

是从物质实践出发来解释各种观念形态。[1]

卡尔·洛维特对马克思的这一视域的评价极为贴切，他说："要像马克思那样把握'现实的生活过程'和并非无前提、而是恰恰相反也是思维方式的前提条件的'一定生活方式'。……恰恰是任何历史实存的这种有条件性，被马克思宣布为惟一无条件的东西。"[2]

"逻辑与历史相统一"正是这一思想视域的产物，它高度凝练并彰显了其核心精神。马克思在这里首先强调的是"历史"的首要地位，他视历史为逻辑的根基，只能从历史当中获得逻辑，而不是彼此颠倒过来，否则就是重新回到了黑格尔的"逻辑就是历史"的思想当中，那种认为马克思就是将范畴的逻辑在现实生活中的次第展开视作历史的观点是对马克思作了黑格尔式的歪曲。马克思在《哲学的贫困》中明确批判过黑格尔的观点，他说："黑格尔认为，世界上过去发生的一切和现在还在发生的一切，就是他自己的思维中发生的一切。因此，历史的哲学仅仅是哲学的历史，即他自己的哲学的历史……他以为他是在通过思想的运动建设世界；其实，他只是根据绝对方法把所有人们头脑中的思想加以系统的改组和排列而已。"[3]因此，将马克思所反对和批判

① 《马克思恩格斯选集》第1卷，第172页。

② [德]卡尔·洛维特：《从黑格尔到尼采——19世纪思维中的革命性决裂》，第135页。

③ 《马克思恩格斯选集》第1卷，第221～222页。

的再加到马克思身上显然是错误的。其次，领会“历史”概念的真正含义尤为重要。在马克思的阐释中，“历史条件”“具体本身的产生过程”“相互关系”这些相近的用词，都在指向历史不能指称人类社会发展进程的次序性，它应是人类在生产实践活动中建构起来的生活世界，这才是逻辑的真实来历。再次，“相统一”的根本含义一方面是逻辑植根于生活世界，没有人们在生活世界中的生产实践活动及其展开过程，就没有人们头脑中逻辑的再现；另一方面，逻辑是对历史能动地再现，而不是直接地、消极地反映，否则范畴的逻辑次序应该是始终保持着与历史进程的一致性。

三、逻辑与历史相统一的路径：政治经济学批判与现象学经验的观察

马克思说过：“在现实生活面前，正是描述人们实践活动和实际发展过程的真正的实证科学开始的地方。……对现实的描述会使独立的哲学失去生存环境。”[①]在他看来，古典政治经济学属于这种“独立的哲学”，因为古典政治经济学家的研究以既定的未经批判性考察的理论前提作为出发点，以抽象的形式推演现实的社会生活的运动的轨迹，而那些使前提得以成立的“实践活动和实际发展过程”[②]，根本没有被纳入古典政治经济学家的研究论域，因而在其理论建

① 《马克思恩格斯选集》第1卷，第153页。

② 《马克思恩格斯选集》第1卷，第153页。

构中必然生成了难以解决的痼疾，无法深入到现实的社会生活的本质当中。

上文中提到的“劳动一般”这一抽象的范畴即是古典政治经学的理论前提，但是古典政治经济学家没有对这一事实的历史起源展开探究，进一步说，即对劳动如何转变为“劳动一般”或者说劳动如何发生异化的这个问题的探讨在他们这里是缺失的。马克思洞悉了这一研究路径的本质性的缺陷并对其进行了深入的剖析，他说：

> 国民经济学从私有财产的事实出发。它没有给我们说明这个事实。它把私有财产在现实中所经历的**物质**过程，放进一般的、抽象的公式，然后把这些公式当作**规律**。它不**理解**这些规律，就是说，它没有指明这些规律是怎样从私有财产的本质中产生出来的。[①]

马克思在上面这段话中提及的“私有财产的事实”，也就是经过了劳动异化过程的这个“劳动一般”的主体化，但是古典政治经济学家不去考察“劳动一般”如何而来以及其之所以主体化的过程，因而现代私有财产是由劳动的异化所建构而来的这一客观事实，在古典政治经济学家的视域当中是始终处在被遮蔽的状态，这充分暴露了古典政治经济学家的研究路径在其根基上的问题。运用抽象范畴表述社会现象和事件仅仅意味着迈出了科学抽象这一步，而这

① 《马克思恩格斯选集》第1卷，第49～50页。

些现象和事件背后的生活世界更需要加以探讨，因为抽象范畴及其推演所表达的内容起源于此，而且“现实的每一抽象因素只有在它由以产生的各种条件的具体系统中才能得到真正的解释，并且只有通过这种系统才能得到正确理解”①。只有完成这一步，才能达到对现实的社会生活的真正的把握，从而对社会问题作出正确的诊断，并由此提供切实可行的解决方案。在这一点上，马克思超拔于古典政治经济学家之处即是他能“在科学的历史抽象中找到原有的关系（简单关系），再一步步再现今天真实的复杂关系和颠倒了的社会结构”②。

对抽象范畴及其所表达的社会存在，都要从人们的社会生产实践中去发现它的起源，并据此说明知识的形成，这是马克思在历史存在论视域下为我们提供的不同于其他一切传统知性科学研究的崭新路径，即马克思的政治经济学批判，它是达到逻辑与历史相统一的根本路径。马克思所做的即是对作为古典政治经济学家的研究对象的理性的“范畴”展开批判性研究，这一“批判”的真实含义是探究既成的社会事实的起源，因而这一批判真正深入到了历史的本质维度当中。然而令人遗憾的是，这一批判所要面对和解决的问题在西方并未得到其追随者和阐释者的足够重视

---

①　［苏］艾·瓦·伊林柯夫：《马克思资本论中抽象和具体的辩证法》，孙开焕译，山东人民出版社1992年版，第115页。

②　张一兵：《科学的批判的历史现象学——马克思经济哲学的本质》，《学术月刊》1999年第9期。

及认真对待，直至 20 世纪 60 年代末，在霍克海默、阿多诺等法兰克福学派思想家的影响之下，德国年轻一代学者踏上了回归马克思思想的历程，以巴克豪斯、赖希尔特为代表的新马克思阅读运动独树一帜地将其视域集中在对马克思的政治经济学批判研究上，深度诠释其理论内涵。在这一研究当中，巴克豪斯提出了对政治经济学批判十分贴切和中肯的评价，他说："马克思的'政治经济学批判'因此首先是一种对范畴的实在体系（Realsystem）的批判，对作为'现实的（!）颠倒借以表现的歪曲形式'的批判。只有在这一前提下，即范畴不再仅仅是'思维的形式'，而且同时也是'现实的'。"[①]从这一表述中，我们看到巴克豪斯的确领会了马克思思想的精髓。他所指出的"范畴不再仅仅是'思维的形式'，而且同时也是'现实的'"[②]准确地表达了马克思的观点：在现代社会当中，未经范畴批判而表现为思想异化的科学理论和在现实生活中作为现实生活异化的资本统治事实上保持了一致性，批判异化了的思想就是批判现实生活状况的异化。那么，对古典政治经济学进行的这一思想的批判实质上是实现了对资本统治这一社会现实的批判。正是在政治经济学批判这一正确的研究路径中，马克思才能做到思想与现实的一致、逻辑与历史的相统一。

---

① ［德］汉斯—格奥尔格·巴克豪斯：《新马克思阅读的开端》，李乾坤译，《哲学基础理论研究》2016 年第 2 期。

② ［德］汉斯—格奥尔格·巴克豪斯：《新马克思阅读的开端》，李乾坤译，《哲学基础理论研究》2016 年第 2 期。

批判坚持要从理性范畴规定之前的实践出发，那么怎样才能逐步接近这个现实的生活世界呢？马克思认为，需要借助于“经验”的观察，他说：“经验的观察在任何情况下都应当根据经验来揭示社会结构和政治结构同生产的联系，而不应带有任何神秘和思辨的色彩。”①马克思在此处提及的经验特指的是现象学的经验。观察的开展，首先要做的是祛除理性范畴和意识形态对生活世界的遮蔽，那么回到事实本身、运用现象学的原则就是必经的步骤，然后从生产实践出发，观察社会结构和政治结构如何被生产出来。

事实证明，马克思的这一研究路径发掘了现实之所在，洞察了社会问题的真相，由此达到了逻辑与历史的相统一，正是在这一研究中，马克思为其建立理想中的新知识形态——历史科学作出了最初的尝试。

逻辑与历史相统一这一方法论原则并不仅仅适用于经济研究的领域，而且对其他社会科学的研究都大有裨益。马克思提出了一切科学研究必须首先面向生活世界的根本观点，在他看来，“在研究经济范畴的发展时，正如在研究任何历史科学、社会科学时一样，应当时刻把握住：无论在现实中或在头脑中，主体——这里是现代资产阶级社会——都是既定的”②。因此，只有将对研究对象的内在结构和内在要素之间关系的抽象的表达还原为社会历史的现实生成

① 《马克思恩格斯选集》第 1 卷，第 151 页。

② 《马克思恩格斯选集》第 2 卷，第 706 页。

和展开过程，并进一步把握社会现实生活的层次性和复杂性关系，方能准确地把握真正的社会现实及其本质，这是所有探究社会规律的社会科学研究所需要的和必须坚持的。

第四节　历史唯物主义的科学性

历史唯物主义的科学性首先是在人类史和自然史相统一意义上被赋予的，科学性正是在这个层面上论及的一种客观性和合理性。如若仅仅是在知性科学的层面上论及的科学性就谈不上是一种真实的科学性了，因为那是一种抽象的没有现实根基的科学性。

马克思指出过："历史可以从两个方面来考察，可以把它划分为自然史和人类史。但这两方面是不可分割的；只要有人存在，自然史和人类史就彼此相互制约。自然史，即所谓自然科学，我们在这里不谈。"①亦即自然科学本身不是纯粹的自然界本身的科学，没有脱离人的实践活动的非历史的自然科学。自然科学所面对的现实就是人们的能动的生活过程。马克思还强调过："说生活还有别的什么基础，科学还有别的什么基础——这根本就是谎言。"②在《德意志意识形态》中，他更明确地指出："如果没有工业和商业，哪里会有自然科学呢？甚至这个'纯粹的'自然科学也只是由

① 《马克思恩格斯选集》第 1 卷，第 146 页

② 马克思：《1844 年经济学哲学手稿》，第 89 页。

于商业和工业，由于人们的感性活动才达到自己的目的和获得自己的材料的。这种活动、这种连续不断的感性劳动和创造、这种生产，正是整个现存的感性世界的基础。”[①]在马克思看来，“纯粹”的自然科学的根基就在人与自然的关系之中，人不应是纯粹的认识主体，自然界也不是纯粹的认识客体。海德格尔也曾经表达了自然科学就其本质而言就是技术的观点，他认为技术并不是自然科学在生产领域的应用，而就是其本质。在纯粹的自然科学之中，自然界是我们控制与支配的对象，我们以一种量化的理论态度对自然界展开研究，唯有如此，才能支配与控制它。这样，自然科学就同样分享了技术的两个前提即劳动的抽象化与自然界的数量化，而这又与资本本性相一致。因此，自然科学就其本质作为技术而言是与资本本性相通的。海德格尔与马克思同样表达了这样的观点：没有资本的诞生，何谈自然科学？换言之，没有资本这一现实的沃土，如何产生自然科学？正是资本的原则将自然哲学改造为自然科学，自然科学有其无法脱离的历史根基。海德格尔甚至还认为，现代技术正在把人类文明推向深渊。当然，这并非危言耸听，西方社会的诸多现实正印证了这一点。[②]

马克思很早就指出，作为一种与人的感性生存相脱离

① 《马克思恩格斯选集》第 1 卷，第 157 页。

② 参见夏巍：《科学发展观之科学性——一种哲学的视角》，《求实》2010 年第 2 期。

的理论形态的科学，正处在一种异化的形式之中。所以他认为“我们需要深入研究的是人类史”[①]，以此强调要破除抽象的脱离生活基础的“自然科学”在理论上的神话。在马克思看来，真正的科学是对必然性的探寻，这一必然性并非逻辑的必然性，而是历史的必然性。自然科学不能脱离人的科学，同样，人的科学也必须包括自然科学，因为自然界具有人的本质，人同样具有自然界的本质，自然史与人类史是同一部历史。

正是坚持了自然史与人类史相统一的观点，历史唯物主义才真正实现了感性与历史性的统一，逻辑与历史的相统一，因此，在其所开启的历史存在论视域下，能够发现作为真正的现实生活的“现实的自然界”，以及描述这一“现实的自然界”的理论主体本身。

“现实的自然界”是人们的感性实践活动及其历史运动过程，它是具有历史性的本真的生活世界，使思辨知识失去其生长沃土的世界。这个世界是一切以理性法则所构建的科学的真正基础，理性知识的对象与目的皆是从中产生出来。描述“现实自然界”的理论主体也不应是脱离历史的抽象自律的意识主体，而是本身处在现实历史运动和真实的生活实践关系中的感性意识的主体。他是这个当下生活中的实践意识的自觉表达者，因此能在这种生活本身中形成批判要求并影响社会的发展进程。感性意识是在本源上对

① 《马克思恩格斯选集》第1卷，第146页。

他人、他物之间的联系的意识，是对现实的自然界的“自觉”，而不是全部的现实世界都收归于其中的内在性的理性意识之中。

这样，不再是内在性的理性意识主体设定对象世界，而是感性意识主体对于“现实的自然界”本质的揭示。“现实的自然界”不再受到理性抽象的遮蔽，为描述范畴规定之前的感性活动提供了可能性，历史唯物主义就成为一种先于理论态度的对存在本身的把握，真正深入到了社会历史的实践进程当中，去揭示人类社会关系的历史运动的根源，因而能够准确地诠释人类社会发展的辩证性质，成为真正具有科学性的思想学说，并敞开了通向马克思所追求的“真正的知识”即历史科学的正确路径，揭开了人类思想史的光辉的新篇章。

因为历史唯物主义具有真正的科学性，所以它的价值和意义必将随着时代的发展进一步彰显出来。

第三章　劳动与历史唯物主义

上一章主要从厘清“唯物”“辩证”这些历史唯物主义的本质属性入手，阐明历史唯物主义之所以是新唯物主义在于其立脚点是“现实的自然界”即“物质的生活关系”，“唯物主义”意味着它能揭示出作为人类历史基础的社会现实，具有真正的现实性。能够实现这一点的前提是马克思赋予了感性以存在论内涵和劳动的实践化。马克思的辩证法是感性劳动的辩证法，这一辩证法具有革命性和批判性，如此诠释的辩证法便领会到了人类历史发展的真实内涵，实现了感性与历史性的真正统一，历史唯物主义的理论逻辑达到了与历史的真正的统一，成就为言说现实的个人及其能动的生活过程的理论学说，开创了历史存在论的新视域。

本章主要围绕历史唯物主义的奠基性概念——“劳动”的相关问题展开分析，详细地论述了马克思劳动概念的真实内涵和它在西方思想传统的历史脉络中的地位以及它在当代西方哲学领域所遭遇的批判，并从对具有代表性意义的四位西方哲学家所聚焦的四个问题的剖析和回应中揭示出他们对马克思的误解，呈现马克思劳动概念的卓越意义，进一步凸显了历史唯物主义作为知识形态的科学性正是源自从劳动出发而不是从意识本身的辩证运动出发，并力图在对能动的生活过程描述中形成真正的知识。

本章第一节主要是对西方思想史上前马克思的劳动概念进行简要的梳理，这涉及赫西俄德与荷马等行吟诗人、柏拉图和亚里士多德为代表的古希腊哲学家、犹太教和基督教传统、近代以来哲学家的劳动概念等。

第二节考察马克思对劳动的诠释在当代西方哲学领域所引发的批判，主要选取了海德格尔、阿伦特、鲍德里亚、哈贝马斯这四位哲学家加以分析和探讨。这些批判主要聚焦在以下四个问题上：一是劳动本身无法突破其工具理性的局限性，不能只用它来解释人类社会的发展；二是正是因为劳动概念，马克思的思想未能超出近代形而上学的视域；三是劳动与实践并不等同，混淆两者是错误的；四是依靠劳动获致生产力的解放进而实现整个人类解放的方案没有现实意义。

第三节分别从四个方面回应和澄清了马克思的劳动概念的卓越意义：一是在历史唯物主义存在论视域中，劳动概念突破了知性科学的规定而获得了其存在论本质的澄明；

二是劳动是在历史进程中具有基础性和建构性意义的感性活动，正是对劳动概念的这一阐释使马克思的思想超越了形而上学；三是劳动即是实践是马克思的思想前提；四是依靠劳动通向人类的解放是历史存在论意义上的论断，由此揭示出他们对马克思的误解以及误解的根源在于从知性科学的视角理解马克思的劳动概念。

第一节　前马克思的劳动概念[①]

在西方思想史上具有广泛影响的劳动概念在较长的一段历史时期都处在被轻视的境况中，直到黑格尔，特别是到了马克思那里，才开始受到重视并成为西方思想的中心。最早的对劳动观点的阐发出现在公元前8～9世纪赫西俄德与荷马等行吟诗人的神话与史诗中。在荷马的作品《伊利亚特》《奥德赛》中，诸神与人类的本质区别是：诸神永生而人类有朽；诸神悠闲安逸，而人类则要为生计奔波操劳，辛苦从事营生活动，即劳动。可以说，在荷马的观念中，劳动是必需的和要付出辛劳的消极的活动，并且对人类而言是专属的活动这一点十分明确。赫西俄德在《劳动与时日》中涉及了人类劳动的神话起源、劳动的重要性、劳动的方式、

① 陈治国发表在《求是学刊》2012年第6期上的论文《关于西方劳动观念史的一项哲学考察——以马克思为中心》对“前马克思的劳动概念”这一问题进行了专门的研究，这篇论文对我的研究有重要启发，在此特别向论文作者表示感谢。

技能和条件等问题，这看上去仿佛劳动在赫西俄德那里已经获得了更为积极的意义。但是，深入分析一下就会发现，在赫西俄德那里，劳动虽然表面上似乎受到充分重视，但它主要是指奴隶从事的活动，这就意味着赫西俄德取消了劳动作为一般人类的本质性活动的属性，实质上是对劳动的进一步的贬低。

以西方实践哲学的创立者亚里士多德为代表的古希腊哲学家以系统的哲学论证的形式提出了对劳动的看法。亚里士多德《尼各马可伦理学》中将人类的行为区分为理论、实践和生产。理论指的是探求事物本质性机理的思想活动，从事这种活动的前提是有充分的闲暇与自由。实践则是摆脱了自然需要的真正自由的行动，它以自身为目的，面对和处理的是人与人之间的关系问题，关乎人生的意义与价值，具体而言，指的是"追求伦理德性和政治公正的行动"[①]。而生产主要是指技艺制造、生产生活资料的体力劳动，"是为了满足生存的自然需要并受制于自然必然性的行为。它面对和处理的是人与自然的关系问题，目标是满足人们的欲望和需要"[②]，因此，这是最为卑微和最不自由的活动，一般由奴隶来从事。

犹太教—基督教系统是西方思想传统的另一个源头。

---

① 徐长福：《劳动的实践化和实践的生产化——从亚里士多德传统解读马克思的实践概念》，《学术研究》2003年第11期。

② 张汝伦：《作为第一哲学的实践哲学及其实践概念》，《复旦学报（社会科学版）》2005年第5期。

在犹太教和基督教共同的经典文本《圣经·旧约》中，劳动被视作世俗之人的本己活动，它迫不得已，包含着艰辛与痛苦。不仅如此，作为维持自身生命和繁殖后代生命的人类劳动，还是上帝对人类这个物种的惩罚。

劳动逐步获得了正面的革新性的积极意义的契机是11世纪欧洲的基督教修道院改革，特别是16世纪以来的马丁·路德和加尔文的宗教改革。马丁·路德认为，履行职业的劳动是胞爱的外在表现，是上帝应许的唯一生存方式，是个人道德活动所能采取的最高形式。加尔文则提出，上帝全知全能，预知并事先安排好了所有人的命运。但是，只有少数人获得作为上帝的选民的恩宠，死后可以荣升天堂，其余的则要被罚入地狱，而唯一能够确定自己恩宠状态的方法就是经受职业的考验，进行富有成效的不懈劳动的考验。这样，劳动就成为确定恩宠状态的重要手段。

随着启蒙运动的兴起和近代自然科学技术的发展以及市民阶层的逐步形成与壮大，劳动越发引起哲学家和思想家们的关注和重视。卢梭视劳动为“正常人的生活”的重要组成部分，休谟把劳动作为构成幸福生活的主要因素，费希特、席勒则赞颂劳动是一种创造性的行为。不过，真正将劳动概念纳入到哲学体系当中，并且对之加以深入思考的是黑格尔。从早期的耶拿讲稿到《精神现象学》再到《法哲学原理》，黑格尔对劳动问题都进行了十分充分的探讨。黑格尔认为劳动并不是单纯的经济活动，而是人创造自己的生命、生活并同时塑造世界的基本方式的精神性活动。动物对自然的直接消费是对自然的单纯否定，而人类的劳动则是肯定性的否定，是一种加工性的、塑造性的否定，建立了某种独立自主的东西。通过劳动，人类暂时从动物性的欲望和需要中摆脱出来，使自身不再是纯粹的自然存在物，而成为有自我意识的自为的独立的自由的存在物："劳动是受到限制或节制的欲望，亦即延迟了的满足的消逝，换句话说，劳动陶冶事物。对于对象的否定关系成为对象的形式并且成为一种有持久性的东西，这正因为对象对于那劳动者来说是有独立性的。这个否定的中介过程或陶冶的行动同时就是意识的个别性或意识的纯粹自为存在，这种意识现在在劳动中外在化自己，进入到持久的状态。因此那劳动着的意识便达到了以独立存在为自己本身的直观。"①

第二节 马克思劳动概念的当代批判透视②

劳动概念是历史唯物主义学说的核心概念，是马克思发起哲学革命的起点、创立"新唯物主义"的理论基石、批判资本主义的立脚点。恩格斯认为，马克思在劳动的发展史中发现了理解全部社会史的钥匙。卢卡奇在其晚年巨著

---

① [德]黑格尔：《精神现象学》(上)，贺麟等译，商务印书馆 1979 年版，第 130 页。

② 本节曾作为《马克思哲学意义域中劳动概念的当代批判透视》一文部分内容，发表于《南通大学学报(社会科学版)》2018 年第 4 期。

《关于社会存在的本体论》中提出了本体论是马克思主义真正的哲学基础，而劳动是社会存在本体论的基础的观点。可以说，对于马克思思想学说能否正确理解与把握，从根本上取决于对马克思劳动概念的认识。

一、当代批判：从海德格尔、阿伦特到鲍德里亚

在《晚期海德格尔的三天讨论班纪要》一文中有一段非常重要的论述：

> 现今的“哲学”满足于跟在科学后面亦步亦趋，这种哲学误解了这个时代的两重独特现实：经济发展与这种发展所需要的架构。马克思主义懂得这[双重]现实。……在马克思那里谈到的是哪样一种改变世界呢？是生产关系中的改变。生产在哪里具有其地位呢？在实践中。实践是通过什么被规定的呢？通过某种理论，这种理论将生产的概念塑造为对人的（通过他自身的）生产。因此马克思具有一个关于人的理论想法，一个相当确切的想法，这个想法作为基础包含在黑格尔哲学之中。马克思以他的方式颠倒了黑格尔的观念论，这样他就要求给予存在先于意识的优先地位……对于马克思来说，存在就是生产过程。这个想法是马克思从形而上学那里，从黑格尔的把生命解释为过程那里接受来的。生产之实践性概念只能立足在

一种源于形而上学的存在概念上。[①]

海德格尔作出的以上论断毋庸置疑是具有重要意义的。他认为当下人们面对的各种问题都可以概括为“存在”问题。在他看来，马克思从历史存在论的视域对人类社会遭遇异化状况的根源的探讨中洞悉了“历史的本质性的一度”[②]。这个“历史的本质性”意味着形而上学的本质起源在于人类生存的历史性，而非颠倒过来。正是因为马克思在劳动这一存在中指认出了事物的“历史性”，其思想才有了其他学说难以望其项背的优越性。

但是，海德格尔随之笔锋一转，又指责马克思所谓“改变世界”的作为劳动的“实践”仍然是形而上学建制之下的概念。在海德格尔看来，马克思将先于意识的存在看作是劳动，而劳动又是人对自身的生产，因此，即使预先祛除黑格尔为劳动所预设的抽象的自我意识这个前提，马克思仍然还是将存在纳入了人的主体性。即便马克思试图从超越意识内在性的角度对人的主体性作出理解，然而人的主体存在一旦被看作是人的生产劳动的结果，这种理解就仍然落入了黑格尔哲学的窠臼之中，原因在于只要谈论自我生产，就首先以设定存在是形而上学的概念为前提。[③] 海德格

① ［法］F. 费迪耶等辑录：《晚期海德格尔的三天讨论班纪要》，丁耘摘译，《哲学译丛》2001 年第 3 期。

② ［德］马丁·海德格尔：《海德格尔选集》（上），三联书店 1996 年版，第 383 页。

③ 参见王德峰：《马克思意识概念和生产概念的存在论探源——兼论海德格尔对马克思的批评》，《复旦学报（社会科学版）》2001 年第 6 期。

尔会对马克思有如此的评价已充分说明了他并未把握马克思与黑格尔在劳动概念上的本质差异，所以他最终还是认为马克思已经深刻批判过的黑格尔的形而上学的劳动概念出自马克思本人。

亚里士多德对人类的行为进行了划分，分别是理论、实践和生产。然而近代以来，实践与其他行为的界限变得日渐模糊，面对这一状况，阿伦特在亚里士多德的基础上，进一步将人的行为区分为三个类型：劳动、生产和行动。她认为前两者发生在人与自然之间，而行动则是在人与人之间。劳动是由于人的身体的必然性从而展开的满足生存需要的活动，它成为自然的组成部分。生产是运用工具对自然加以改造的活动，其目标是建立一个人化的世界，它体现了一定的人的自由的维度。行动则是由于人们具备重新开启某事的能力而在人们之间发生的不需要物质条件的活动。它与生产重要的分殊在于，行动是自发地与他人交往的活动，具有不可预测性。行动本身就意味着冒险，自由和创造恰恰就是这样一种冒险，因此行动彰显了人的自由。

基于这种理解，阿伦特发现马克思在这个问题上犯了错误。她批评马克思没能清楚地区分不同类型的人类行动，混淆了政治领域和经济领域。她指出："马克思的劳动既是人类为了满足生存需要而进行的改造自然的活动，还包括生产和应用工具的活动，所以马克思并未将服从必然性的劳动和体现一定自由的生产严格区分开来。”[1]她认为马克思不仅混淆了劳动与生产，而且还混淆了生产与行动，这是由于他错误地将生产的工具理性的主动性看作是行动中所体现出的实践自由所造成的，这种混淆导致了“或将政治行动误解为制造历史，有可能发展出一种极权主义的意识形态”[2]。

在鲍德里亚看来，马克思的问题是劳动被他当成一个普适性的一般概念。通过“生产之镜”，马克思剖析了人类历史进程并获得历史发展的规律。他指责马克思这样做的后果是遮蔽了劳动过程的其他丰富内涵和成果，譬如象征交换的非功利、非等价性等特征。在他看来，原始社会的劳动其实主要是为了展开一种符号交换，并非创造出有用的物品。人们与世界的关系不仅仅发生在劳动之中，在这之外还有象征交换的关系，因此，马克思所理解的人类所有社会形态中的劳动都是为了创造出社会财富的观点并不正确。

鲍德里亚驳斥马克思的另一点是，马克思将资本主义社会危机的根源归结为人类劳动发生了异化，因此，改变劳动的异化状况是资本主义社会走出危机的关键。然而，事实上，“马克思提出的这一解决方案恰恰是现代资本主义所支持的，因为资本主义社会就是想让人们知晓只有不断地

① ［美］汉娜·阿伦特：《马克思与西方政治思想传统》，孙传钊译，江苏人民出版社2007年版，第175页。

② Hannah Arendt, *The Human Condition*. The University of Chicago Press, 1958, p. 396.

通过劳动创造出社会财富，才能过上幸福的生活。这样，人们就能够投入到无休止的生产的运动当中，资本主义的再生产就能够持续进行下去，而马克思的观点在一定程度上恰恰帮助了资本主义社会计划的实现"①。因此，鲍德里亚认定只要处在生产逻辑当中，马克思的政治经济学批判与资本主义的意识形态就始终构成同谋的关系，根本无法对资本主义社会作出恰当的批判。

二、从哈贝马斯到批判的核心问题：以异同互见的视角

在对历史唯物主义"重建"的思考中，哈贝马斯首先深入考察的就是马克思的劳动概念。他一方面高度肯定了马克思的劳动概念在人类社会产生与发展中的重要意义：在马克思这里，推动历史演进的是感性现实性的劳动，并非黑格尔的那种历经绝对精神外化自身、扬弃对象、回归自身过程的精神概念的劳动。马克思的"历史辩证法表达的是劳动关系的内部矛盾和外部活动"②。正是在死劳动对活劳动的统治当中，马克思揭示了资本这一资本主义社会的现实原则。所以，从精神概念的劳动到感性现实性的劳动，他完成了思辨性原则到现实性原则的转变，他的历史唯物主义

① 王晓升：《评鲍德里亚对马克思主义劳动概念的批判》，《苏州大学学报（哲学社会科学版）》2009年第1期。

② ［德］哈贝马斯：《理论与实践》，第474页。

学说基于劳动的辩证法确立了真实的历史性原则，从而能够深入到现实的本质的维度当中。就此而言，哈贝马斯与海德格尔提出的劳动使历史性得以真正实现是马克思历史唯物主义学说优越性的观点不谋而合。

然而，另一方面，哈贝马斯也表达了对马克思劳动概念的不满。他主要针对马克思在《德意志意识形态》中的这样一段论述展开探讨，马克思说：

> 可以根据意识、宗教或随便别的什么来区别人和动物。一当人开始生产自己的生活资料，即迈出由他们的肉体组织所决定的这一步的时候，人本身就开始把自己和动物区别开来。人们生产自己的生活资料，同时间接地生产着自己的物质生活本身。[①]

哈贝马斯认为马克思的这段话并未描述出人类生活方式的特有内容，而只有当描述劳动中所发生的人与环境的关系时，才能真正揭示人类生活方式的特征，他说："在对人类生活方式而言并非特殊的描述水平上，有机体与所处环境之间的交换可以用物质变换过程的生物学术语来阐述。但要去把握那对人类生活方式来说乃是特殊的东西，人们就必须在劳动过程的水平上去描绘有机体与环境间的关系。"[②]哈贝马斯的观点如下：

---

① 《马克思恩格斯选集》第1卷，第147页。

② ［德］哈贝马斯：《交往与社会进化》，张博树译，重庆出版社1989年版，第135页。

第一，马克思所说的生产，是个人的工具性的行为，“而最具有决定意义的是根据工具行为规则而进行的、有目标作为指导的物质转换这一社会角度”①。即便马克思强调生产也是不同的个人的社会协作，哈贝马斯也认为这种马克思所指的协作依然只是在工具行为的层面之上。在哈贝马斯看来，马克思所说的生产出生活资料的目的只是为了消费，但是除此之外，还有产品的分配，“分配规则所涉及的并不是正在处理的物质，也不是经过适当协调的对产品的申请，而是相互式期望或利益的系统联结”②。主体相互之间作为交往行为的公认规范或规则，不同于并且外在于只是工具性行为的劳动，但对于劳动来说是非常重要的，而马克思的劳动概念却忽视了这一点。

第二，马克思的劳动概念虽然对近代主体哲学或反思哲学的最重要的假说持批判态度，既具有唯物主义的内涵，也反对将主体理解为静止被动的观点，以人们之间的协作反对抽象的单个个人的观点，他的这些理解都是准确的。马克思认为劳动是属人的本质力量的对象性活动，人与自然界的对象性关系的确立是由于人的劳动。他发现的存在的对象性原理，破除了对自在之物的设定，反对意识的内在性，不仅以关系原则取代了近代主体哲学的实体原则，而且还以现实的个人反对抽象的个人。尽管如此，哈贝马斯依

① [德]哈贝马斯：《交往与社会进化》，第 135 页。

② [德]哈贝马斯：《交往与社会进化》，第 136 页。

然强调这一概念不能充分表达人类生活的再生产的特征。

第三，“与灵长目社会相比较，合作的战略形式和分配规则是新的，这两个方面的发明都与第一个生产方式的建立即合作狩猎直接相关”①。“不是原始人类，而是人类，才第一次结束了在脊椎动物中形成的社会结构。”②所以，马克思的劳动概念仅仅适用于区分灵长目与原始人的生活方式，不能表达人类特有的生活方式的再生产。“只有当狩猎经济被补以家庭式社会结构时，我们才能在人类意义上谈论人的生活的再生产。这个过程持续了数百万年，且最终完成了一个重要的取代：用以语言为先决条件的社会规范系统取代动物身份系统。”③只有家庭的出现，才有人类特有的生活方式的再生产，才有社会关系的出现，所以他说：“劳动和语言比人及其社会更古老。”④亦即劳动先于真正属于人的特有的生活方式的再生产，语言交往先于真正的社会系统，因此，以语言为前提的社会规范系统，即交往行为的规则才是人类特有的生活方式的再生产，它不能被归结为工具行为或战略行为规则。

哈贝马斯的上述观点表明，马克思只把劳动当作目的——工具理性行为，这一方面体现于技术层面，旨在用各种手段对劳动对象（自然界）实施有效控制的工具理性行

① ［德］哈贝马斯：《交往与社会进化》，第138页。
② ［德］哈贝马斯：《交往与社会进化》，第139～140页。
③ ［德］哈贝马斯：《交往与社会进化》，第140页。
④ ［德］哈贝马斯：《交往与社会进化》，第141页。

为,另一方面体现在劳动的战略选择层面或合理选择层面,旨在为达至既定的生产目标而进行的协调、合作的策略行为。这两者同属于哈贝马斯划定的目的——工具理性行为的范畴,而真正意义上的交往则是独立于这样的劳动领域的,在独立自主的公共领域发生的行为,表征着主体间的无胁迫性的对话关系。他认为交往活动与目的——工具理性行为对人类的发展具有不同的意义,人类社会的发展不能仅仅用后者来解释。[①]

哈贝马斯的这一理解,表明他依然是在传统形而上学的视域下审视马克思的劳动概念,正是基于这一视域,最终他与海德格尔都认为,虽然劳动使历史唯物主义摆脱了唯心主义的羁绊,但它最终仍旧使历史唯物主义回到了形而上学的麾下。

同阿伦特一致的地方是,哈贝马斯也极为不满马克思将劳动纳入实践领域的做法。在他看来,"实践问题着眼于规范的问题,特别是行为规范的接受与拒绝"[②]。简言之,哈贝马斯认为实践的意识区别于工具理性,实践应该是建构和规范社会关系的行为,交往行为才是真正的实践,因此,不能将劳动与实践相提并论。但是,马克思混淆了两者,将交往划入劳动的领域,这样实践就成为"一方面是生产过程

① 参见夏巍:《论哈贝马斯对马克思"社会劳动"概念的人类学解读》,《云南大学学报(社会科学版)》2008 年第 1 期。

② [德]哈贝马斯:《理论与实践》,第 3 页。

和占有过程，它依据的是技术——功利规则，另一方面又是一个互动的过程，由社会规范调节"[①]。以上这段话说明哈贝马斯的确看到了马克思始终考虑了劳动与交往所构成的实践。然而，令人遗憾的是，哈贝马斯认为马克思最终还是将一切都还原到劳动之中，他在另一段论述中阐明了这一点：

> 《德意志意识形态》第一卷的精确分析表明，马克思对相互作用和劳动的联系并没有作出真正的说明，而是在社会实践的一般标题下把相互作用归之劳动，即把交往活动归之为工具活动……一切都溶化在生产的自我活动中。[②]

另外，哈贝马斯与鲍德里亚的观点也存在共同之处。首先，两者都认为马克思的关于资本主义社会文明危机产生的根源在于劳动的异化这种观点并不恰当。哈贝马斯认为，其根源应该是生活世界遭遇了系统的干预。在他看来，系统在资本主义社会的理性化进程中逐步从生活世界中分化出来，两者最初处于正常的互动状态，然而当系统的整合媒介——权力与金钱不再只是在系统内部发生作用而是介入生活世界，篡夺了语言发挥这一生活世界的整合媒介的功能，从而造成了"生活世界的殖民化"。因此，唯有认清时

---

① [德]哈贝马斯:《现代性的哲学话语》,第83 页。
② [德]哈贝马斯:《现代性的哲学话语》,第 33 页。

代状况的根本变化是生活世界与系统已然发生了分化，才能找到正确解决危机的办法。

哈贝马斯与鲍德里亚的另一个相同的观点是，依靠劳动无法最终实现整个社会的解放，只有跳出马克思所谓的生产逻辑，才能最终达至目标。在哈贝马斯这里，“解放的旨趣应指向人们的独立、自由与主体性，将主体从依附于对象化的力量当中解放出来是其理论的旨归。而劳动蕴含的却是意图通过技术支配外部世界从而将人们从自然界的压迫与强制中解放出来的旨趣，显然它并没有实现解放旨趣的潜能”①。因而，马克思通过劳动获致生产力的解放进而实现整个人类解放的方案没有现实意义。

第三节　卓越意义的澄清：对批判的四个回应②

在对哈贝马斯与上述三位哲学家异同互见的观点的分析中，我们发现他们对马克思劳动概念的批判主要集中在以下四个问题上：一是劳动本身无法突破其工具理性的局限性，不能只用它来解释人类社会的发展；二是正是因为劳动概念，马克思的思想未能超出近代形而上学的视域；三是劳动与实践并不等同，混淆两者是错误的；四是依靠劳动获

① 夏巍：《劳动的张力——哈贝马斯重建历史唯物主义的缘起》，《理论探讨》2014 年第6 期。

② 本节曾作为《马克思哲学意义域中劳动概念的当代批判透视》一文的部分内容，发表于《南通大学学报（社会科学版）》2018 年第 4 期。

得生产力的解放进而实现整个人类解放的方案没有现实意义。

要对以上四个问题作出回应，需要回到马克思的历史唯物主义思想中展开一番探究。

首先，我们对第一个问题作出回应。事实上，在马克思历史唯物主义的视域里，劳动具有存在论上的重要意义。费尔巴哈认为，人的社会存在源于人的自然本质，即感性。它是人之为人的唯一真实本质，是人的社会本质，是人与自然界的统一，但这种统一依然是在抽象直观意义上的同一性。马克思发现人与自然界的真正关系是能动的对象性关系，对象是既作为他物又作为人自身实现的可能性而向人呈现出来的东西。这种呈现即是人的感性，它不是现成的，而是人作为人唯一赖以在自然界中对象化自身的本质能力。感性是在人实际改变对象世界的对象性活动中才生成为社会的感性的，具有社会本质的感性是人的对象性活动本身。感性就是活动，而非两者的简单相加。感性活动的具体形态就是社会劳动，它不仅生产出作为人的感性之对象性存在的物质财富，而且还生产出社会生活本身，生产出现实的社会关系。人的本质就是通过这种生产而历史地生成，所以正是从社会劳动的历史性中产生出人的现实的社会形态及其演变，社会劳动及其在形态上的变更才是历史研究的出发点。

马克思的历史唯物主义不仅仅是一种历史观，而且还是一种新的存在论，是建立在感性活动之历史性基础上的存在论。正是在马克思的历史唯物主义存在论视域下，劳动概念才突破了知性科学的规定而获得了其存在论本质的澄明。

让我们再具体看一看马克思的劳动概念如何不是停留在知性科学层面上的。马克思在《德意志意识形态》中指出：

> 我们在这里既不能深入研究人们自身的生理特性，也不能深入研究人们所处的各种自然条件——地质条件、山岳水文地理条件、气候条件以及其他条件。任何历史记载都应当从这些自然基础以及它们在历史进程中由于人们的活动而发生的变更出发。①

马克思这里的基本观点是：劳动的根本意义不是肉体的再生产，不是生物学意义上的活动，在劳动中的周围环境也不是纯粹物质的周围环境，而是世界存在，是人在自然界中的生活被劳动所生产。劳动固然满足了人对生活资料的需求，但人的物质生活却不是单纯满足物欲的生活，而是人的感性存在之成立，劳动才是人的感性生命。人的感性生命中，社会性（他人对我的感性存在）正是这种生命活动的本质维度。因而，单个人凭借自身作为生物体的自然力去对付自然，这在本质上不是劳动。劳动从一开始就不是自然现象，而是社会历史的开端，即人的第一个历史活动。

---

① 《马克思恩格斯选集》第1卷，第146～147页。

再看一看马克思是怎样理解家庭的。马克思指出：

> 一开始就进入历史发展过程的第三种关系是：每日都在重新生产自己生命的人们开始生产另外一些人，即繁殖。这就是夫妻之间的关系，父母和子女之间的关系，也就是**家庭**。这种家庭起初是唯一的社会关系，后来，当需要的增长产生了新的社会关系而人口的增多又产生了新的需要的时候，这种家庭便成为从属的关系了……不应该把社会活动的这三个方面看做是三个不同的阶段，而只应该看作是三个方面。[①]

上面的论述非常清楚地表明，马克思确认只有在人的意义上才能谈论劳动，只有家庭的出现才有社会关系的出现，所以，劳动与人、与社会是同样古老的。哈贝马斯则认为，只有家庭的出现，才有现代社会意义上的生活的再生产形式，形成社会结构的是人，而非原始人。在原始人那里，在灵长目社会那里，已经有劳动了。由此可见，哈贝马斯所理解的，劳动与马克思所说的劳动是不同的。哈贝马斯所说的在人类社会之前的劳动只是生物学意义上的生命、生活资料的生产，而马克思所说的劳动则是能够生产出自己的物质生活本身的生产。

马克思的劳动概念表明，人的感性存在的自我生产产生了社会存在，因此，它是历史唯物主义在存在论上的基础

---

① 《马克思恩格斯选集》第1卷，第159～160页。

概念。劳动是感性与历史性的统一,人与人之间的真实关系就由此产生,因而它就是人类生活的再生产形式:

> 生命的生产,无论是通过劳动而生产自己的生命,还是通过生育而生产他人的生命,就立即表现为双重关系:一方面是自然关系,另一方面是社会关系;社会关系的含义在这里是指许多个人的共同活动,不管这种共同活动是在什么条件下、用什么方式和为了什么目的而进行的。由此可见,一定的生产方式或一定的工业阶段始终是与一定的共同活动方式或一定的社会阶段联系着的,而这种共同活动方式本身就是"生产力";由此可见,人们所达到的生产力的总和决定着社会状况,因而,始终必须把"人类的历史"同工业和交换的历史联系起来研究和探讨。①

马克思在这段论述中充分表达了人的感性存在的交往本质。劳动本身不是自然界所设定好的一种自然机制,而是许多人类个体在彼此的对象性关系中的共同活动。人类个体在他的感性存在中超越个别性而建立与他人的感性联系的活动,就是交往。每一个体以与另一个体交往的方式生产自己的生命,以共同活动的方式建立自己的社会存在。因而,在劳动生产中,个体间的交往、合作是其本质的方面,它同生产所表明的单个人类有机体与环境之间的物质变换

---

① 《马克思恩格斯选集》第 1 卷,第 160 页。

过程，不是处于一种外在的结合关系中，而是处于不可分割的内在统一中。因此，在劳动中，劳动的工具性的一面与劳动交往性的一面是彼此规定、内在统一的。“生产方式”和“工业阶段”是劳动的工具性的一面，“共同活动方式”或“社会阶段”是劳动交往性的一面，两者始终联系着，并且正是这种联系的不可分割性说明了“共同活动方式”本身就是“生产力”。马克思所说的生产力是“作为人的人”的感性生成的实际“生活条件的总和”，生产力的社会性质，是在人与自然的关系中对象性地生成的人与人的关系，所以是“共同活动方式”，而生产关系就是人与人之间的感性交往形式，生产力这一概念指证了生产关系的感性本质，所以才说生产力决定生产关系。由此可见，生产力本身就包含着双重性：“劳动的工具性和劳动的交往性。”因此，在马克思的社会劳动概念中，本来就包含了交往的维度，而且它还是其中本质的方面，正是这一方面才实现了从自然存在到社会存在的跃迁，使劳动从一开始就不止于人类的谋生。

我们再对第二个问题作出回应。马克思从根本上反对理性的形而上学，早在《1844 年经济学哲学手稿》中他就洞察到无法走出意识的内在性是形而上学的根本困境，他抓住了黑格尔的“劳动”概念对其哲学展开彻底批判的同时，直指整个形而上学的这个致命之处。

马克思指出，黑格尔“把**劳动**看作人的**本质**，看作人的自我确证的本质”[①]，不仅如此，他还“把一般说来构成哲学的**本质**的那个东西，即**知道自身的人的外化**或者**思考自身的**、**外化**的科学，看成劳动的本质”[②]。也就是说，黑格尔将人的本质解读为劳动的本质，而哲学的本质被看成是劳动的本质。所谓“看成劳动的本质”[③]，指的是将形而上学哲学的本质理解为自我意识“在自身内部的纯粹的、不停息的圆圈”[④]，之所以有这种理解，是由于“黑格尔唯一知道并承认的劳动是**抽象的精神**的劳动”[⑤]，不仅如此，在黑格尔那里，“**人的本质**，人，在黑格尔看来＝**自我意识**”[⑥]，也就是说，黑格尔的观点是劳动的过程即是自我意识的外化的过程，而这一“自我意识的外化设定物性”[⑦]，就意味着“从自己的‘纯粹的活动’转而创造对象”[⑧]，换言之，从自我意识向外“走出来”，而这种“走出来”存在着致命的缺陷，即“自我意识通过自己的外化所能设定的只是物性，即只是抽象物、抽象的物，而不是现实的物”[⑨]。简言之，自我意识的外化的过程获得的仅仅是抽象的而非现实的自然界，这在马克思看来，不

---

① 马克思:《1844 年经济学哲学手稿》，第 101 页。
② 马克思:《1844 年经济学哲学手稿》，第 101 页。
③ 马克思:《1844 年经济学哲学手稿》，第 101 页。
④ 马克思:《1844 年经济学哲学手稿》，第 114 页。
⑤ 马克思:《1844 年经济学哲学手稿》，第 101 页。
⑥ 马克思:《1844 年经济学哲学手稿》，第 102 页。
⑦ 马克思:《1844 年经济学哲学手稿》，第 104 页。
⑧ 马克思:《1844 年经济学哲学手稿》，第 105 页。
⑨ 马克思:《1844 年经济学哲学手稿》，第 104 页。

仅没有现实性,还从根本上就是一种无,而黑格尔只要是陷在形而上学的哲学之中,就无法实现现实的外在性。洛维特的分析尤为贴切:"黑格尔的自我意识已经通过能动的认识在异在中与自己本身同在的幻觉来迎合自己,因为它根本不知道一种现实的外在性。"[①]因而,这个全部形而上学的本质性的缺陷在马克思对黑格尔哲学的批判中被揭示了出来:无法走出内在性的意识。

区别于黑格尔的"抽象的精神的劳动",马克思从感性对象性原则的角度赋予劳动以崭新的现实意义。劳动的确是一种包含了意识的活动,然而这里所指的意识不是理性意识,而是感性意识,正是感性意识打破了内在性意识的思辨假象。所谓"感性",马克思认为是能够把自己的活动当对象看待并能在其活动当中引导人成其为人的意识,这是从历史存在论意义上谈论的"对象性本质力量的主体性"[②]。之所以存在这一独特的主体性,正是由于人具有"现实的、对象性的本质力量"[③]。所谓"现实的、对象性的本质力量"是指这种力量不是内在性意识的那种思辨力量。一方面,展现这种对象性本质力量的活动证明了自然对人的先在制约性;另一方面,自然界的对象是表征着人的这一本质力量的存在。这两方面共同印证了人与自然界之间存在着对象

① [德]卡尔·洛维特:《从黑格尔到尼采——19世纪思维中的革命性决裂》,第376页。

② 马克思:《1844年经济学哲学手稿》,第105页。

③ 马克思:《1844年经济学哲学手稿》,第105页。

性的关系。因此，马克思认为感性是一种能使这种对象性关系得以实现的主体性，而不是形而上学语境中主客二元对立中的主体意识。在他看来，作为劳动的主体性存在的人与自然界之间不是抽象的统一性关系，换言之，并没有像黑格尔的精神性的劳动那样，人与自然界彼此现实地分隔开来。

马克思的“劳动”不再是黑格尔自我意识的外化活动，而是感性意识的现实的生成过程，这一过程并不停留在生产出作为人的对象性存在的物质财富上，更为重要的是，劳动还生成了人们之间现实的社会关系。并未把理性意识作为劳动的前提，而是具有开创性意义地揭示出劳动是感性意识之形成和展开的活动，确立起劳动的真正的现实意义。在此基础上，哲学在马克思这里不再禁锢于内在性的意识当中，而是挣脱了形而上学的樊篱，以一种全新的面貌亦即崭新的历史本体论——历史唯物主义呈现在人类的思想史上。从这个意义上来说，海德格尔和哈贝马斯认为马克思的“劳动”概念仍是在形而上学的建制之下是对马克思的误读。而且，就海德格尔提出的即便马克思试图从超越意识内在性的角度对人的主体性作出理解，但是人的主体存在一旦被看作是人的生产劳动的结果，这种理解就仍然落入了黑格尔哲学的窠臼之中的观点来说，我们能够肯定的是人的存在的确是劳动的结果，但是劳动产生的人的感性存在和感性的社会关系是历史地形成起来的，换言之，人的存在是正在生成着的社会，这是一个历史性的过程，绝非海德格尔所想象的作为结果的固化的抽象的人的主体存在，而这也恰恰是马克思所极力反对的。海德格尔曾经高度评价马克思发现了“历史的本质性的一度”，却未能一以贯之地审视马克思的思想，从而在劳动这个问题上又回到了形而上学的视野当中来看待马克思。

就第三个问题而言，马克思的确认为劳动就是实践，但这并不是马克思混淆了两者的缘故。从一开始他就不像哈贝马斯和阿伦特那样从工具理性的活动这一知性科学的意义上理解劳动，而是从哲学的存在论意义上理解它，这也是构成马克思思想的一个极为重要的前提。正是从这样的角度出发，马克思赋予劳动以完全积极的现实意义的最深层次的表现即是劳动的实践化。

马克思虽然并未明确清晰地阐述过实践的含义，但是在其文本中已经交代过这一点。在《关于费尔巴哈的提纲》中，马克思在批判费尔巴哈时谈到了实践，他认为费尔巴哈对于实践的理解并不正确：“对于实践则只是从它的卑污的犹太人的表现形式去理解和确定，因此，他不了解‘革命的’、‘实践批判的’活动的意义。”[①]费尔巴哈的“从它的卑污的犹太人的表现形式”[②]理解的实践是建立在将人性抽象地规定为自然主义的类本质的基础上，这样的实践是个体的

① 《马克思恩格斯选集》第1卷，第133页。

② 《马克思恩格斯选集》第1卷，第133页。

生物学意义上的自然活动。尽管他将黑格尔的自我意识还原为人,但最终还是忽视了人的世界,他无法了解“不仅表面上‘纯粹人的’生活关系,而且感性确定性的最简单的对象,也都是人生活于其中的世界普遍的社会关系和经济关系预先规定的”①。因此,马克思指责费尔巴哈根本不了解革命的实践批判活动的意义。在马克思看来,真正的具有革命性、批判性的活动应当是“环境的改变和人的活动或自我改变的一致”②,这“只能被看作是并合理地理解为革命的实践”③。

在西方的传统观念之中,无论是基督教的造物主和被造物之间的二元结构中,还是近代启蒙思想的人与自然界的二元对立中,自然的价值在于其被人类所需要。面对自然,人是认识与改造它的主体的存在,自然是人类征服的对象。但在马克思这里,自然是与人不可分割的存在。马克思的“实践”指的就是在人与自然的这种统一的关系中建构出人类的社会关系的“感性活动”,其革命性和批判性表现为“环境的改变和人的活动或自我改变的一致”④,而最根本正是创生出社会关系。正是“把感性理解为实践活动的唯

① [德]卡尔·洛维特:《从黑格尔到尼采——19世纪思维中的革命性决裂》,第127页。

② 《马克思恩格斯选集》第1卷,第134页。

③ 《马克思恩格斯选集》第1卷,第134页。

④ 《马克思恩格斯选集》第1卷,第134页。

物主义”[①]，“感性”不能再从人的先验的认识能力或者感官功能以及意识主观活动的意义上来理解，它不再是个体的属性，而是建构人类社会共同体的对象性历史性的社会活动，在马克思看来劳动就是这种活动。在人类思想史上，马克思开创性地赋予劳动以建构社会关系的感性活动的内涵，换言之，认为劳动就是实践，并且将其作为构建其历史唯物主义本体论的基石。

马克思认为，劳动不仅是以自身为目的的活动，而且还是以自己的类生活为对象的活动：“劳动的对象是人的类生活的对象化。”[②]这个类生活不是自然直接赋予的，而是有待人们通过感性活动去创造。这一类生活就是感性的社会存在与自然的统一体，即我们通常理解的“物质生活本身”[③]。它是在人们生产生活资料的生命活动中一起创造所生成，需要在建构现实的社会关系中才能达到，因为“生产本身又是以个人彼此之间的交往为前提的。这种交往的形式又是由生产决定的”[④]。从这个意义上，人们的物质生活的创造就是感性的社会关系的创造，劳动被赋予了实践的意义。

关于第四个问题，马克思在《哥达纲领批判》一文中就表达了这样的观点：

---

① 《马克思恩格斯选集》第 1 卷，第 136 页。
② 《马克思恩格斯选集》第 1 卷，第 57 页。
③ 《马克思恩格斯选集》第 1 卷，第 147 页。
④ 《马克思恩格斯选集》第 1 卷，第 147 页。

> 在共产主义社会高级阶段，在迫使个人奴隶般地服从分工的情形已经消失，从而脑力和体力劳动的对立也随之消失之后；在劳动已经不仅仅是谋生的手段，而且本身成了生活的第一需要之后；在随着个人的全面发展，在他们的生产力也增长起来，而集体财富的一切源泉都充分涌流之后，——只有在那个时候，才能完全超出资产阶级的狭隘眼界，社会才能在自己的旗帜上写上：各尽所能，按需分配！[①]

在上述这段话中，马克思阐述了财富充分涌流的前提是共产主义的基本观点，意在表明在资本主义社会，即便已经通过工人的劳动创造出巨大的物质财富，也无法从根本上消灭社会贫穷的状况，因为当物从它的有用性方面向人们呈现出来的时候，物质财富是永远都不够的，换言之，只是单纯物质财富的增加并不能与历史存在论意义上的通过劳动而获得的生产力的解放相提并论。历史存在论意义上的劳动不是工具理性的活动，生产力的提高也并不能用生产的物质条件的扩张，例如生产工具的改进或者技术手段的提高来表达，纯粹物质财富的增长并不能说明生产力的解放。倘若在知性科学的视域中看待“劳动”和“生产力”，必将对它们作狭隘化的理解，这样当然就无法明白马克思为何认为通过劳动达到生产力的解放是人类解放的前夜的

① 《马克思恩格斯选集》第 3 卷，第 364～365 页。

论断。事实上,劳动是具有革命性和批判性的感性活动,由劳动所带来的生产力的解放指的是人的对象性本质力量的主体性的增强,换言之,是新的社会性的生成。这一革命性并不是从工艺学意义上的突破,因为生产力的发展不仅包括物质条件的发展,而且还包含了人与人的对社会关系的需要的感性的交往意识的变革。因此,生产力真正的变革意义在于劳动是在人与自然的关系中对人的感性存在的生产,由此引发了人的感性需要的增长和感性意识的变革。感性需要的增长不能等同于物质欲求的增长,这种需要是对人与自然界的关系的需要,它的不断增长是感性意识变革的原因,意味着人与自然的感性联系中对新的社会性的发现以及实现,人与人之间通过自然而发展起来的社会关系的变革,意味着新的社会属性的降临。正是从这一意义上,马克思提出了劳动最终导致生产力的解放从而成为人类解放的前夜的论断。

因此,哈贝马斯提出的在资本主义社会当中由于劳动而获得了生产力的提高从而积聚了大量的物质财富,社会解放的旨趣无法在经济表达中得以体现的观点,是他基于对劳动和生产力近代知性解读而得出的结论。正是由于有这种理解,他与鲍德里亚都提出了唯有跳出生产逻辑,用交往范式和象征交换取代马克思的生产范式才能达到对资本主义真正的批判的观点。

与西方思想史上对劳动的轻视不同,马克思在历史存在论视域下首次视劳动为一种感性对象性的活动,劳动从此彰显出积极的和现实的意义。劳动在其存在论意义上是对感性的自然界和人类社会的建构活动,它对于人类社会的历史发展的根基性意义就已经清晰地表明劳动即是建构社会关系和实现人类社会解放的实践力量。

无论是海德格尔、阿伦特,还是鲍德里亚、哈贝马斯,他们对马克思的劳动概念的认识,尽管在一定意义上都给予了相当的肯定,但是占主导的仍然是犀利的批判,这种批判意味着他们未能领会马克思劳动概念的真实的内涵。

第四章　哈贝马斯与历史唯物主义：重建论与资本的文化批判

上一章详细论述了历史唯物主义的奠基性概念——“劳动”的真实内涵及其在西方思想传统的历史脉络中的地位以及马克思对劳动的阐释在当代西方哲学家那里所遭遇的批判，并从对他们聚焦的四个问题的剖析和回应中揭示出他们对马克思的误解，呈现了马克思劳动概念的卓越意义。

下面将要研究的是马克思之后的两位哲学家对马克思的历史唯物主义思想的反思和重构。本书选取了在西方哲学史上占据一席之地的两位重量级的哲学家：一位是西方马克思主义阵营中对马克思主义当代发展所做贡献最大、最富原创性和影响力的思想流派法兰克福学派的第二代领军人物哈贝马斯；另一位是法兰克福学派重要的“编外人员”、被誉为“欧洲最后的知识分子”的本雅明。他们在继承和发展历史唯物主义以及印证历史唯物主义当代意义方面做出了卓越贡献。对他们的思想展开探讨的旨趣在于，阐明历史唯物主义是否具有重要的当代价值。这就需要分析和考量哈贝马斯和本雅明在他们当代状况之下深入挖掘历史唯物主义的本真意蕴和潜力，为其依然焕发出鲜活的生命力所作出的最真实的努力。阐明他们在沿袭历史唯物主义理论框架解决现实危机方面所彰显出的历史唯物主义的当代生命力以及在偏离历史唯物主义原初精神方向上的失误之处所反衬出的历史唯物主义的重大现实意义。

本章将要探讨的是哈贝马斯对历史唯物主义思想的反思和重建，主要考察两个方面的内容：一是剖析哈贝马斯力图在当代状况下深入挖掘历史唯物主义最本真的意蕴及其潜力，重建历史唯物主义为科学的社会进化理论，使其在对当代问题的分析、判断和诊治方面能够给出满意的答案，在现时代依旧焕发出旺盛的生命力。然而，哈贝马斯最终执着于历史唯物主义生产范式的局限性从而转向新的理论形式即交往行为理论的建构。但无论如何，哈贝马斯的历史唯物重建论都彰显了他在当代状况之下发展历史唯物主义的努力，同时也表明结束对历史唯物主义知性解读的迫切性。二是致力于从历史唯物主义存在论视域分析与比较哈贝马斯与马克思的资本批判。在这一比较向度中，辨明究竟哪一种理论构成了对资本的本质意义的批判，找到了摆脱文明危机的有效路径，从而进一步印证了历史唯物主义的当代生命力。

第一节　重建之旅①

哈贝马斯(1929～　)，是德国当代享有国际声誉的最重要的哲学家之一，西方马克思主义最主要的流派——法兰克福学派的第二代领袖人物。历任海德堡大学教授、法兰克福大学教授、法兰克福社会科学研究所所长、德国马普学会生活世界研究所所长。其思想宏富、著述浩繁，涉及哲学、社会学、政治学、语言学、经济学等诸多领域，他在这些领域所进行的专题研究，对这些领域的学术发展有相当大的影响力，因此，他被公认为是当代博学程度与造诣深度都罕有俦匹的哲学大家，在当代西方学界有着举足

① 本节使用了《哈贝马斯重建历史唯物主义思想探析》一文的部分内容，该文发表于《济南大学学报(社会科学版)》2008 年第 1 期，本节根据本书结构和逻辑论证的需要作了必要的修改。

轻重的地位。

历史唯物主义思想是整个法兰克福学派最为深厚的理论基础，作为法兰克福学派的第二代领袖人物，哈贝马斯与霍克海默、阿多诺等第一代法兰克福学派思想家相一致，反对正统马克思主义对历史唯物主义的误读和歪曲，但他并未延续他们在理论视角的创新中重新阐释历史唯物主义的做法，而是选择了重建它。他认为历史唯物主义仍不失为理解历史、描述社会的重要理论形态，但是旧有的历史唯物主义还有其不可克服的局限性，这就需要拯救出它的诸多的思想材料，并赋予其崭新的理论形式。正是基于这种认识，20 世纪 70 年代哈贝马斯提出了关于重建历史唯物主义的理论目标和具体方案。

一、重建历史唯物主义的缘由

对一种理论是重建还是取代的兴趣并不是始自哈贝马斯，这伴随了自古希腊伊始的整个西方哲学的始终。取代论在康德那里达到顶峰，而黑格尔选择的则是理论重建的道路。他认为重建先前并不完善的理论的过程是知识不断增进的过程，这样能够更好地达到理论的原有目标。重建工作就是以一种新的综合形式整合先前理论中所有有效的成分并将之呈现出来。黑格尔与康德的不同在于，康德认为，一般来说，系统性的思想与历史因素并没有多少关联，而黑格尔则强调哲学的历史是一个在时间中展开的统一的过程。通过强调思想与历史的相分离，康德认为较早出现的解释力较弱的理论会为后来的解释力较强的理论所取代。黑格尔则坚持哲学与哲学史的不可分割性，认为对一种给定的理论形式的进一步的完善就是理论进展的体现。

正是沿袭了黑格尔的策略，哈贝马斯在与马克思思想和马克思主义的对话过程中，选择了对历史唯物主义加以“重建”的道路。哈贝马斯认为，马克思创立的历史唯物主义具有非常重要的理论意义和实践价值。历史唯物主义的内在目标和根本精神是对人类的现实生存状况作出合理的分析与批判，而这是所有社会理论都应追求的理论旨趣。然而，历史唯物主义学说一直以来都遭遇了对其庸俗化、教条化的歪曲和误读。恩格斯的思想，在一定程度上就是一种自然主义的形而上学，“恩格斯把历史辩证法降低为同逻辑辩证法这些学科相并列的一门学科”[①]，如果将他对马克思思想的重新解释和补充视为马克思的思想的本意就是十分错误的。而且，正统马克思主义尤其是斯大林主义对马克思的思想存在着诸多的歪曲。斯大林将历史唯物主义的法典化，以致对历史唯物主义的研究和运用都被束缚在这一解释框架当中，这就与神学分享了共同的神学方法，这种方法不是用理智而是用权威来论证马克思思想的。[②] 这些错误的理解给人们造成了很大的误导。

---

① [德]哈贝马斯：《理论与实践》，第 419 页。

② 参见[德]哈贝马斯：《理论与实践》，第 415 页。

鉴于此，哈贝马斯提出要认真对待马克思的原初思想，挖掘出历史唯物主义的本真意蕴，从而还历史唯物主义不同于传统路线的新貌，并在当代状况之下发展历史唯物主义。

尽管有如此的构想，但是哈贝马斯仍然发现了一个问题，即马克思的思想本身的确存在着能够被正统马克思主义利用从而加以歪曲和误解之处，历史唯物主义自身确实包含着无法克服的缺陷，而这些缺陷归根结底是它从根本上沿袭了旧哲学的思路，进一步说，未能跳出传统理性形而上学的窠臼。这主要表现为以下几个方面：

其一，马克思以感性的主客体取代了黑格尔理性主客体的统一，依然是一种同一哲学，没有脱离意识哲学的理论框架，因此，马克思无法将反叛传统形而上学的哲学革命贯彻到底。这也直接导致了在历史唯物主义当中，历史被描述为类的历史的发展进程，而忽视了个体的独特性以及个体与个体之间的交往关系，因而依旧保持着类与个体之间的对立。

其二，历史唯物主义运用的是一种实证主义的研究方法，并将这一方法同时运用到自然科学和人类科学的研究当中去，这显然是一种非常不恰当的做法。哈贝马斯如此表述这一点："马克思混淆了两个不同的认识领域，即人类社会和自然，试图以'劳动'的概念解释两者，落入自然研究方法的陷阱。”[①]运用这一方法,历史唯物主义丧失了反思的维度,缺乏理论建构的认识论前提,主要表现在这一学说并未探讨认识的来源、认识的主体以及认识的条件和意义。而它本应为社会理论提供一个这样的认识论前提的,也恰恰是由于缺乏这一维度,历史唯物主义倒退到历史客观主义的窘境之中。

其三,马克思将人类的存在特征、意义等一切都归结到技术性的劳动上去,忽视了交往活动这一维度对社会发展具有更为重要的意义。在哈贝马斯看来,晚期资本主义社会最突出的社会问题是生活世界的殖民化,用旧有的历史唯物主义的分析社会的框架不能对资本主义社会在发展过程中涌现的新问题作出正确的判断,他将矛头直指马克思的“生产范式”,在他看来,“生产范式”是已经过时的理解模式,而这种单一的经济视角无法审视更为复杂的社会问题。

鉴于以上的理由,哈贝马斯认为,应当对历史唯物主义以重建的方式加以“拯救”,并依然将其作为一条理解历史和描述社会事实的重要路径。

二、重建历程

哈贝马斯重建历史唯物主义的根本目标是在当代状况之下发展历史唯物主义,将其建构成为非实证主义的社会

---

① [德]得特勒夫·霍尔斯特:《哈贝马斯传》,章国锋译,东方出版中心2000年版,第45页。

批判理论，能够揭示资本主义社会涌现的新问题的实质。“批判理论并没有穷尽于社会进化理论的建构（历史唯物主义的重建），它的最终目标是完成以历史为指向、同时又带有实践意图的对现代社会的分析（对资本主义社会批判的重建）。”[①]着眼于这一目标，他对历史唯物主义的关注持续了30余年。在此期间，哈贝马斯对历史唯物主义的理论性质的认识也同时经历了一个变化的过程，这与他对马克思思想的理论本质的理解有着密切的关联。

哈贝马斯与马克思和马克思主义的思想对话是从1957年开始的，这一年他撰写了一篇首次刊发在德国哲学期刊上、后来又被收录到《理论与实践》一书中的文章，题为《马克思和马克思主义哲学讨论综述》。该文是一篇关于理解巴黎手稿的三种典型的方法以及马克思之后的马克思主义理论的研究述评。在这里，哈贝马斯将马克思定位为政治理论家，强调其思想的批判性、实践性与革命性。这一时期，他认为历史唯物主义是一种集历史哲学和革命理论于一体的学说，是一种既在言说政治现实，又试图改变现实的理论。因此，不能将马克思主义视作是纯粹的学术问题，将历史唯物主义解读为纯粹的哲学。后来在他思想的转型时期，由于对科学哲学产生了浓厚的兴趣，导致了他将历史唯物主义理解为以经验为基础的并且要受到

① ［德］哈贝马斯：《交往与社会进化》，第17页。

经验的检视的理论，所以在《理论与实践》中，哈贝马斯将历史唯物主义定位为有着实践目的的经验上试错的历史哲学："历史唯物主义可以被理解为以实践的意图拟定的社会理论，这种理论避免了传统政治和近代社会哲学的互补的缺陷，所以它把科学性的要求同一种与实践相关的理论结构相联系。"[①]更进一步说，它是介于哲学与科学之间的社会批判理论。在《认识与兴趣》中，历史唯物主义则成为保留了批判概念的作为社会哲学的认识理论。这些变化是由哈贝马斯关注和研究马克思思想的不同阶段和不同主题所决定的。

在1976年出版的《重建历史唯物主义》一书中，哈贝马斯正式提出了他重建历史唯物主义的构想。无法明确他的重建工作开展的具体起始时间，因为这一工作往往是同对其他内容的探讨交错重叠在一起的。在这一阶段，历史唯物主义已经被哈贝马斯视为一种社会进化理论，这就为他重建历史唯物主义为非实证主义的社会理论确定了方向。对哈贝马斯而言，将马克思的观点改造成具有批判维度的非客观主义的社会理论比形成资本主义的理论要容易得多，因为写作《重建历史唯物主义》一书的时候，他尚未具备深入地阐述现代资本主义社会本质的条件。

哈贝马斯重建工作是从重新审视和考量历史唯物主义

① ［德］哈贝马斯：《理论与实践》，第3页。

的“劳动”和“类的历史”这些基本概念和“上层建筑与经济基础”“生产力与生产关系”这些基本假定着手的。

对劳动概念的关注和分析从他早期对劳动和相互作用的区分就已经开始了。他所针对和依据的文本是马克思的《德意志意识形态》,因为在他看来,马克思对劳动特征的描述主要集中在这里。哈贝马斯认为,马克思将劳动视作是表征了人的类存在的特有方式并不正确,因为作为工具理性的活动的劳动是纯粹技术性、独白式的活动,它仅仅是主体改造客体的同时改造主体自身的活动,不足以成为区别于动物的人类特有的活动。在哈贝马斯的早期著作《作为“意识形态”的技术与科学》中,他分析了劳动与相互作用之间的差异性,强调不能将两者相互混淆。从理论的渊源上来说,这无疑是受到了亚里士多德对技术知识与实践知识的区分以及黑格尔的“相互承认的斗争”理论的启迪。他这样阐述劳动与相互作用的不同:

> 我把劳动,或曰目的理性的活动理解为工具的活动,或合理的选择,或者两者的结合。工具的活动按照技术规则来进行,而技术规则又以经验知识为基础:技术规则在任何情况下都包含着对可以观察到的事件(无论是自然界的还是社会上的事件)的有条件的预测。……我把以符号为媒介的相互作用理解为交往活动。相互作用是按照必须遵守的规范进行的,而必须遵守的规范规定着相互的行为期待,并且必须得到至

少两个行动的主体［人］的理解和承认。社会规范是通过制裁得到加强的；它的意义在日常语言的交往中得到体现。①

在《重建历史唯物主义》中，哈贝马斯从人类学的视角重申了这个观点：马克思的劳动概念仅仅适用于区分灵长目与原始人的生活方式，以语言为前提的社会规范系统即交往行为的规则才是人类特有的生活方式的再生产，它不能被归结为工具行为或战略行为规则。哈贝马斯的这一观点同时也体现出他对批判理论的工具理性批判的不满。他认为早期法兰克福学派的失误，正是将理性等同于工具理性。因此丧失了批判资本主义的规范基础，使批判理论陷入无根基的批判之中。然而事实上理性具有丰富的内涵，工具理性只是其内涵的一个维度，在此之外还有交往理性。人们的道德意识中就蕴藏着交往理性，道德意识的进步足以构成对工具理性的强大的牵制。

关于马克思的"类的历史"的概念，哈贝马斯认为，它表明了社会进化的主体是整个人类，这样就忽视了个体的独特的存在以及个体彼此之间的交往。而且，社会原本是由个体组成的，然而在这一前提之下，个体转化为社会、社会沉淀为个人层面的内容就被忽视，这样，马克思就难以阐明社会发展的具体的机制。这一概念说明历史唯物主义仍旧

① ［德］哈贝马斯：《作为"意识形态"的技术与科学》，李黎等译，学林出版社 1999 年版，第 49 页。

囿于历史哲学的窠臼。基于这一点，哈贝马斯提出了社会进化的承担者不是假想的类的主体，而应是社会和与它结为一体的行为主体的观点。

在探讨上层建筑和经济基础、生产力与生产关系时，哈贝马斯分析了这一基本假定的经济主义的变体式的解读。一种观点认为任何较高层面的子系统上发生的过程都在因果关联上由低于它的子系统层面上发生的过程所决定。另一种则坚持较低层面的子系统对于较高的系统发展施加着结构性的限制。在他看来，马克思提出这一基本假定基于一个前提条件即在社会转型的特定时期，也就是说，马克思似乎过分强调了生产力、经济基础的绝对的决定作用，实际上这种被强调的决定作用仅仅发生在特定的历史时期。基于这种理解，哈贝马斯批判那种在马克思主义中占主导地位的还原主义的论调。尽管如此，他还是认为历史唯物主义的“生产范式”难以阐释社会进化的一般性。那么，提出一种不再由经济因素为主导的社会分析模式就成为他的历史唯物主义的重建任务中的重要一环。

三、从生产范式到交往范式

在对历史唯物主义的阐释以及批判过程中，哈贝马斯逐步认识到它缺乏进一步发展的潜力。在《重建历史唯物主义》一书中，他的交往行为理论已经初露端倪，在这之后的《交往行为理论》第一卷和第二卷中得到进一步的阐发。

这时他在借鉴韦伯的观点的基础上批判历史唯物主义，试图将他对历史唯物主义探讨路径的各个方面都融合在一起。他注意到韦伯和马克思的关注点的差异。马克思着眼于系统的问题，只重视社会劳动系统内部的社会关系的异化，将遮蔽压制和奴役的意识形态转移到了劳动系统之中。之所以如此，是由于马克思没有洞悉意识形态其实是被扭曲了的交往关系的体现，意识形态所遮蔽的是交往关系的异化，而交往关系不只是局限于劳动系统。所以，当哈贝马斯注意到韦伯关注社会融合的问题强调的是现代性的文化维度时，他认为自己找到了批判历史唯物主义的一个恰当的视角。

哈贝马斯发现系统与生活世界的分化是理解资本主义社会现实、诊治现实病症的前提条件，而如何以令人满意的方式将系统和生活世界概念表示的两种研究策略结合起来才是问题的关键。在他考察历史唯物主义的早期作品中提出了对历史唯物主义的两个批判：一是站在康德的视角上，批判马克思未能提供知识的可能条件的问题；二是反对马克思的未能区分劳动与相互作用的解析社会发展的劳动一元模式，即"生产范式"。事实上，这两种批判有着内在的关联，正是生产范式使得马克思缺乏对知识反思的维度。这一时期，他已不再坚持马克思缺乏批判反思的视角，而是聚焦在他不能区分劳动与相互作用这一点上，在这里他赋予这种区分以新的名称，即系统和生活世界。马克思对社会已然分化为系统与生活世界事实的忽视是哈贝马斯对历史唯物主义批判的第三个立论基础。在他看来,这是由于马克思在总体性的概念之下预设了对系统和生活世界的阐释而无法将两者区分开来。如果我们依然沿用这种生产范式来理解社会发展的问题,就无法分析和解决晚期资本主义的现实问题,也就无法达到人类解放这一历史唯物主义原本设定的理论目标。哈贝马斯这样说道:"解放问题不是来自于生产范式而是来自于指向相互理解的行为范式。"①这一行为范式指的即是交往范式。所以他提出应该实现生产范式向交往范式的转变。这表明哈贝马斯已经开始表达交往行为理论将会超越历史唯物主义的观点了。当然,这时他还没有试图论证这一理论转向而是仅仅声称历史唯物主义已经不再受到保护了。

从《作为"意识形态"的技术与科学》《理论与实践》《认识与兴趣》《重建历史唯物主义》到《交往行为理论》,哈贝马斯的重建之旅完成的却是交往行为理论由酝酿到初具规模直至最终的形成。在他看来,历史唯物主义只能在一种新的理论形式即交往行为理论的层面上应答历史唯物主义要回应的社会历史问题。历经 30 多年,哈贝马斯从对历史唯物主义阐释批判到重建,直至后来放弃了重建的任务,并最终提出自己的崭新的理论。在这个过程中,体现了第二代

---

① Habermas, *The Philosophical Discourse of Modernity*. Polity Press, 1987, p. 82.

法兰克福学派学者致力于实现这一目标的努力,即把捉到当代的历史实践的真实内容与发展趋向,自觉表达和理解产生和改变着一切社会关系的历史实践,而这也正是马克思创立的历史唯物主义对人类思想和知识的当代努力所提出的艰巨任务,但非常遗憾的是,哈贝马斯没有真正理解马克思的历史唯物主义所发动的这场反叛传统哲学的革命运动的真实意义,最终仍然从知性科学的视角解读历史唯物主义,导致他的重建论草草收场的命运。

第二节 哈贝马斯与马克思:资本批判①

20 世纪 20 年代,鉴于西方社会现实对于马克思主义理论的巨大冲击,卢卡奇等人试图重新解释马克思主义的理论原则,以求清除实证主义方法论所导致的将马克思主义误读为一种自然主义与经济决定论的倾向。因为他们清醒地意识到,西方国家的社会主义革命如若无法冲破物化意识的束缚,将无法达到主体性的自觉,因此,开启从文化研究的视角去发展马克思主义的路径,将理论聚焦在对资本主义各种异化的文化意识的批判上,力求拯救出革命的感性意识便成为他们努力的方向。从以卢卡奇、葛兰西和柯

① 本节使用了《从存在论视域看哈贝马斯与马克思对资本的批判》一文的部分内容,该文发表于《南京社会科学》2015 年第 6 期,本节根据本书结构和逻辑论证的需要作了必要的修改。

尔施为代表的早期西方马克思主义者对第一次世界大战后欧洲无产阶级革命失败教训的总结中提出了总体性文化革命观、无产阶级争取文化领导权的斗争，到法兰克福学派对第二次世界大战之后发达工业社会普遍的异化结构和现代人文化困境的剖析中所开展的“实证主义批判”“启蒙理性批判”“工具理性批判”“大众文化批判”等针对现代社会全方位的文化批判，无一不在延续马克思尚未完全展现出来的文化理论的精神，质言之，他们是从资本主义的生产过程的辩证法中挽救革命的感性意识，而不是脱离资本主义的现实。[①] 哈贝马斯则力图跳脱生产实践的资本逻辑，以交往范式取代生产范式重建历史唯物主义，这意味着在他的眼中，尽管具有值得借鉴的知识价值是历史唯物主义的显著优势，然而历史唯物主义的确存在着难以克服的缺陷，只有对其展开重建才能充分展现其独特的学理和实践价值。令人十分遗憾的是，最终哈贝马斯还是放弃了最初的构想转而走上文化批判的道路。尽管如此，这并不意味着历史唯物主义作为理论学说其科学性大打折扣，更不意味着这一理论已经丧失了当代意义。恰恰相反，正是脱离了马克思的历史唯物主义视域的原初路向，哈贝马斯丧失了对资本主义现实的批判力量，这可以从哈贝马斯和马克思对资本批判的比较中窥见一斑。

---

① 参见夏巍：《国外马克思主义文化理论研究概览——以历史唯物主义为核心的考察》，《理论视野》2016 年第 11 期。

资本是现代社会的根本原则，是推动全球化发展的根本力量，它不仅是贯穿经济领域的主导原则，而且还广泛渗透到政治、经济、文化等各个领域，从总体上塑造了现代社会的生产方式、生活方式和价值观念，倘若脱离了资本的内在运行机制，就难以全面把握现代社会的复杂面相。可以说，现代文明在本质上是资本为其奠定基础并确定的发展方向，因此资本是一把解开现代社会秘密的钥匙。自资本诞生以来，它给人类带来的不只是物质财富的空前繁荣和生产力的迅猛发展，也将人类禁锢于现代性统治的困境之中。不仅如此，只要这种统治存续下去，资本原则就必然作为支配一切的普遍力量而主导着现代世界。因而，如何开展对资本的批判以摆脱文明的危机是学者们共同关注的重要问题。

一、资本批判的基本框架：生活世界与系统

现代世界中的资本，就其本质而言，是人与人之间的一种感性的社会关系。它作为社会的类力量，同时意味的是一种社会权力，因为资本本身是一种强制性的社会关系，它昭示了现代社会普遍异化的文明危机。

哈贝马斯指出，人们交往关系的扭曲是这一异化状况的最突出的表现，但这并不是由马克思所断定的劳动的异化所导致的，而是生活世界被系统殖民化的结果。生活世界与系统的二元区分架构，是哈贝马斯为分析与诊治时代

状况而提出的社会发展模式。借助这一模式，他分析了资本主义社会陷入异化境地的原因及过程。在他看来，生活世界的结构因素随着传统生活方式的解体而呈现出高度的分化，主要表现为科学、道德、艺术等领域的分化，这即是生活世界的理性化进程。伴随着这一进程的展开，生活世界逐渐释放出目的合理性行为，系统的复杂性开始逐步地增强，系统自身的融合机制从而形成了相对的自主性，不再受生活世界规范的约束，最终从生活世界中分离出来。这样，现代社会就分化出以语言为媒介并依赖于生活世界的相互理解资源的和通过系统的操控媒介——金钱与权力建立起来的两种根本不同的社会融合机制。作为两个不同的社会领域，生活世界为系统提供符号再生产的成就，系统的物质再生产同时制约着生活世界，两者保持着正常的互动关系，但是一旦金钱和权力取代了语言充当了生活世界的整合媒介时，生活世界便沦为了系统控制的对象。原本由交往行为完成生活世界的再生产的任务，但是在系统的强制下无法持续进行下去，由此导致了人们之间的社会关系呈现出扭曲异化的状况，现代性的各种病态现象纷至沓来，这被哈贝马斯称之为“生活世界的殖民化”。

既然资本主义社会关系的扭曲是由于生活世界的殖民化所导致的，那么沿着这一思路，是否能够找到解决这一问题的方案呢？哈贝马斯认为，这一问题也必须置于生活世界和系统的二元区分的框架中才能解决：“关键是要在生活世界和系统之间形成一个防护体系和传感设备。”[①]这个防护体系和传感设备指的就是哈贝马斯所说的“自主的公共领域”，它是由无数交往行为交织成的处于离散状态的领域，具有更高层次的主体间性并能够形成对整个社会的反思知识。

在自主的公共领域里，交往行为发挥着相当重要的作用。在系统与生活世界的互动关系中，虽然生活世界遭遇了殖民化，却依然保有对系统进行反扑的潜力，存在这种潜力的根本原因就在于理性本身的丰富性，它仍有着尚未衰竭的内涵，这个内涵就是交往理性。哈贝马斯曾说他信奉的不是生产力理性，而是注重那集中表现在社会解放斗争中的“交往生产力”。力图充分释放交往理性的力量，为走出资本困境指出一条出路是哈贝马斯提供的方案。在他看来，交往理性蕴含在交往行为之中，因而交往行为就成为推进社会合理化进程的新的实践力量，它主要借助于文化的资源，使人们达成相互理解并形成反思性的规范意识，抵挡来自系统对生活世界的冲击，从而保持系统与生活世界之间的平衡状态，正如哈贝马斯所言，其“目的不再是‘消解’资本主义经济制度和官僚统治体制，而是以民主的方式阻挡系统对生活世界的殖民式干预。这样，我们就告别了实践哲学中异化和有客观本质力量的观念。合理化过程转向激进民主，其目标是，在社会整合的种种力量之间达成新的

---

① ［德］哈贝马斯：《现代性的哲学话语》，第400页。

均衡，以求在面对金钱和行政权力这两种‘暴力’时，使团结这一社会整合力量——‘交往的生产力’——得以贯彻，从而使以使用价值为转移的生活世界的要求得以满足”①。

二、资本权力的存在论起源

哈贝马斯对马克思思想的理解同样落入了近代知性解读的窠臼，这是由于他首先误读了劳动。他眼中的马克思的“劳动”只是人类制造和运用工具从事改造自然的活动，其意义只是生产出人类生存和发展所必需的物质生活资料。这种理解仍然停留在知性科学的层面上，未曾领会到马克思的原意，因此哈贝马斯也就无法理解马克思是如何揭示出资本这一感性的社会权力关系是从劳动的异化中产生出来并且同样需要由劳动来加以扬弃。

在马克思的历史唯物主义的存在论视域下，劳动突破了工具理性活动的知性规定而获得了感性活动这一存在论本质的澄明，正是建立在对劳动的存在论的理解的基础上，马克思得出了是人类的劳动生产出社会关系，劳动的异化导致了社会关系的异化，劳动的异化又是由分工所导致的论断。分工是个人感性活动的交往方式。感性活动之劳动之所以发生，其前提是原始共同体及其意识的形成，因为共同体自身的再生产需要通过劳动来完成。如果人们要扩大

---

① ［德］哈贝马斯：《公共领域的结构转型》，曹卫东等译，学林出版社 1999 年版，序言第 21～22 页。

共同体的规模，就必须进行积累，从而将获得的新文明成果存留下来。旧有的社会关系形式继续存在下去会导致新文明成果的丧失，因此，在旧有的社会关系形式中积累起来的社会财富便要求新的分工，分工就承担起了积累的使命，它的实质即是积累的劳动与活劳动的关系。当积累的劳动开始支配活劳动时，就诞生了社会权力。换言之，分工固定下来是交往形式，这种交往形式的实质是范畴规定前的人与人之间的感性交往的生产关系。当对象性本质力量从个人的生存活动中异化出去时，在分工所规定的感性活动的特定的交往形式中就凝聚成一种人们彼此冲突与对抗的类力量，作为支配着每一个感性个人存在的外部力量，这种类力量即是社会权力。

正是分工造成了劳动的异化，分工决定了交往形式就表明了人与人之间统治与被统治的权力关系源自物质生活关系领域，这是一个感性的领域，唯有感性才能真正理解它。马克思指出："资产阶级的生产关系是社会生产过程的最后一个对抗形式，这里所说的对抗，不是指个人的对抗，而是指从个人的社会生活条件中生长出来的对抗。"[①]这里的"社会生活条件"，指的即是物质生活关系领域里所发生的"个人的活劳动"与"被积累起来的社会劳动"之间的关系。在资本的世界当中，积累起来的劳动以一般交换价值的形式实现了其对现实的活劳动的统治，换言之，抽象劳动

① 《马克思恩格斯选集》第 2 卷，第 3 页。

获得了对具体劳动的统治之时，一种新型的社会权力关系就诞生了，它就是资本。在这个世界中，如果个人的感性活动不能对抽象劳动的积累做出应有的贡献，就绝不可能被承认为劳动，或者进一步说，对他人存在具有一定的意义。① 海德格尔将这种时代状况归结为“进步强制”，他说：“是什么通过规定了整个大地的现实而统治着当今呢？[是]进步强制(Progressionszwang)，这一进步强制引起了一种生产强制。……在这一天命中，人已经从对象性的时代进入了可订造性(bestellbarkeit)的时代。”②

三、哈贝马斯与马克思：资本与生产关系

西方自苏格拉底开始就有这样的观念：理性思维建构社会关系。苏格拉底的名言“美德即知识”表达的就是根据理性区分善恶，将间接的理性推理之后的结论作为道德的基础的意图。康德认为人们之间的社会关系是抽象人格间的关系。这样，他事实上将本质上是资本主义的抽象劳动主体化的基础上形成的社会关系理解为一种纯思的观念的社会关系。

历史唯物主义所开启的存在论新视域首次打破了这一传统。马克思论述了人与人之间的社会关系是在感性

① 参见王德峰：《论马克思的资本批判的原则高度》，《江苏社会科学》2006 年第 6 期。

② [法]F. 费迪耶等：《晚期海德格尔的三天讨论班纪要》，《哲学译丛》2001 年第 3 期。

活动之劳动中确立起来的，理性仅仅是对这种关系加以确认并且通过制度框架将其表达出来而已。这样，社会关系即是生产关系本身。生产关系是人的理性前的社会存在，是人与人之间的感性交往，是个人原始地身处于其中的社会生活条件，它就是马克思的“生活世界”。资本主义生产中生产出的生产关系，并不是通常认为的经济学意义上的生产关系，而是全部社会关系意义上的生产关系，质言之，生产关系与资本是二而一的关系，这绝不是经济决定论意义上的观点，而是感性的社会关系与社会权力的存在论论断。

哈贝马斯依循了社会关系由理性建构的传统，他将生产关系定位为一种没有交往意识的交往形式，并且是脱离生产过程的制度和社会机制(institution and social mechanism)：“生产关系则指这样一些制度和社会机制，它们决定着(在某种给定的生产力发展阶段)劳动力量与可利用的生产资料相结合的方式。”[①]他认为生产关系并不是生产过程的要素，而是生产过程的先在条件。它规定了生产手段的使用权和支配权，并且决定了社会整合的形式。原始社会由亲族系统执行生产关系的功能，文明社会则由统治系统来承担，当资本主义社会的市场同它的操纵功能一起被假设为能够使阶级关系稳定化时，生产关系才采取了纯粹

① [德]哈贝马斯：《交往与社会进化》，第142～143页。

的经济形式，所以生产关系并不像马克思所界定的那样，只能是一种经济形式。哈贝马斯还指出，生产关系的感性源头并不是劳动，因为生产还有一个前提即“前经济事实”，而这些前经济事实是建立在“以符号为中介的相互作用的联系基础上的”[①]。因此，尽管哈贝马斯同马克思一样，认为作为生产关系之制度框架的确立不是理论建构的结果，它确实需要汲取感性的力量方可建立起来，他认为“制度框架长期的结构变化不是有计划的目的理性的和后果受到监督的行动的结果，而是自然发展的结果”[②]，但与马克思不同的是，他认为这个感性力量的源泉是交往而非劳动。这样，哈贝马斯是在脱离生产的交往为前提的构想中得出了生产关系即是建立在这种交往基础上的制度框架的论断。这种观点遮蔽了生产关系的感性起源。哈贝马斯和马克思曾批评的经济学家们一样，最终也落入了依据理性建构社会关系的窠臼。马克思曾这样说道：

> 经济学家向我们解释了生产怎样在上述关系下进行，但是没有说明这些关系是怎样产生的，也就是说，没有说明产生这些关系的历史运动。……但是，既然我们忽略了生产关系（范畴只是它在理论上的表现）的

---

① [德]哈贝马斯：《认识与兴趣》，郭官义等译，社会科学文献出版社 1999 年版，第 64 页。

② [德]哈贝马斯：《理论与实践》，第 373 页。

> 历史运动,既然我们只想把这些范畴看作是观念、不依赖现实关系而自生的思想,那么,我们只能到纯理性的运动中找寻这些思想的来历了。[①]

基于对生产关系的这一理解,哈贝马斯的“生活世界”剔除了经济系统,突显了语言或符号互动构成的沟通关系,成为交往理性大展身手的场域。同时它也是维持文化的再生产、社会的稳定和个人同一性的能力机制。哈贝马斯诊断出生活世界中脱离劳动的交往关系的扭曲是现代社会普遍异化状况的突出表现,要求扬弃异化当从交往行为入手。但是,这种脱离了劳动的交往行为能够建构出的社会关系也只能是一种纯思的社会关系。

由于系统的媒介——金钱与权力侵入生活世界取代语言成为生活世界的融合机制,从而造成了生活世界的殖民化,这是哈贝马斯的基本观点。但是,金钱和权力究竟是什么?我们是否无须再对它们作进一步的考量呢?是否阻挡住系统对生活世界的殖民式干预就可以“告别了实践哲学中异化和有客观本质力量的观念。……从而使以使用价值为转移的生活世界的要求得以满足”[②]。

要回答以上这些问题,必须深入把握金钱与权力的本

---

① 《马克思恩格斯选集》第 1 卷,第 218 页。

② [德]哈贝马斯:《公共领域的结构转型》,序言第 21～22 页。

质，而非其表象。这两个系统的媒介，实际上是社会权力的制度化，其本质分别是法的权力和政治权力。哈贝马斯并未追问这两种权力机制的来历，换言之，这两种交往形式是如何扭曲变形为权力机制的。取而代之的方式是，直接用政治理性将它们设定为理所当然的既定前提。这样，他就首先确认了交往形式，而事实上交往形式自身还要由分工来决定。法所规定的权力倒是对已经形成起来的资本的生产关系的确认和表达，一切法的权力与政治权力归根结底都源于人的感性存在的历史方式，哈贝马斯并不认为金钱和权力只是对资本这一社会权力关系的事后的确认和表达，而是倒果为因，认定金钱和权力对生活世界从存在论视域看哈贝马斯与马克思对资本的批判界的干预导致了生活世界的殖民化。

哈贝马斯以生活世界与系统二元区分架构诊断社会异化状况，并且指责马克思的历史唯物主义学说因为诸多局限性不足以探明社会异化的根源，也无法指出一条真正摆脱异化状况的有效路径。而事实上，只有揭示出资本这一异化的社会关系的真实起源，才能真正消除生活世界的殖民化。由于马克思的历史唯物主义学说牢牢抓住了资本的实质，因而构成了对资本的本质意义的批判。哈贝马斯在对资本深入批判的同时，事实上只是在承认资本原则的前提下试图改良社会秩序。如果说资本在今天依然是一种社会权力的话，那么诊治社会的弊病当然应该指向资本原则本身，一切真正的当代批判必然应该包含对资本的批判，从而揭示资本逻辑的非自洽性。在资本原则贯穿始终的时代条件下，马克思的历史唯物主义才是解决问题的根本。

第五章　本雅明与历史唯物主义：起源即目标

上一章第一节探讨了哈贝马斯力图在当代状况之下深入挖掘历史唯物主义最本真的意蕴及其潜力，重建历史唯物主义为科学的社会进化理论，使其在对当代人类现状的分析和判断中仍然能够发挥重大的指导意义，在现时代依旧焕发出旺盛的生命力。然而，哈贝马斯最终执着于历史唯物主义生产范式的局限性从而转向新的理论形式即交往行为理论的建构。但无论如何，哈贝马斯的历史唯物重建论都彰显了他在当代状况之下发展历史唯物主义的努力，同时也表明结束对历史唯物主义知性解读的迫切性。第二节则从历史唯物主义存在论视域分析与比较哈贝马斯与马克思的资本批判。在这一比较向度中，辨明究竟哪一种理论构成了对资本的本质意义的批判，从而进一步印证了历史唯物主义的当代生命力。

本章的中心议题是分析本雅明如何在历史唯物主义的理论框架中，对现代性状况展开辩证意象的历史批判，从而生成和还原19世纪原初历史的本原形式，揭示资本主义现代性幻境的本质面相，并挖掘和释放辩证意象所蕴含的解放和救赎的潜能，发现无产阶级和大众未被资本主义意识形态所遮蔽的感性意识，探索在世俗的启迪中救赎人类的有效路径。本雅明的这一研究对于印证和彰显历史唯物主义的当代生命力具有重大意义。

第一节　本雅明与历史唯物主义

瓦尔特·本雅明（Walter Benjamin，1892～1940），犹太裔德国人，著名的哲学家、文艺理论家和批评家，法兰克福学派第一代重要“编外成员”，被誉为“欧洲最后的知识分子”“20世纪最具原创性的思想家”。他一生学术研究广博深邃，涉及哲学、神学、美学、文学、历史学和语言学等诸多领域，且在这些领域均有重大建

树。其罕见的才华、卓尔不群的灵魂，让后世学者无法辨明和恰当地描述他的思想归属。正如汉娜·阿伦特所评价的那样："他博学多闻，但不是学者；他所涉题目包括文本和诠释，但不是语文学家；他不甚倾心宗教却热衷于神学以及文本至上的神学诠释方式，但他不是神学家，对《圣经》也无偏好；他天生是作家，但他最大的雄心是写好一部完全由引语组成的著作；他是第一个翻译普鲁斯特和帕斯的德国人，此前还翻译了波德莱尔的《巴黎景致》，但他绝不是翻译家；他写书评……但他绝不是文学批评家；他写了一部论德国巴洛克戏剧的著作，留下一部未完成的 19 世纪法国的浩大研究，但他不是历史学家，不是文学家或别的什么家。我将力求说明他诗意的思考，但他既不是诗人也不是哲学家。"①尽管本雅明才华卓越，在其生前却始终寂寂无名，一生坎坷。他先后经历了一战、二战，遭遇过驱逐出境、流放拘留；大部分著作生前无法出版，想在大学里谋求一份工作，却被拒之门外；后来成为社会研究所的编外成员，却无法完全得到霍克海默和阿多诺的认同。为逃避纳粹的迫害，却在法西边境被困不幸自杀身亡。可以说，颠沛流离的人生际遇，独一无二的思想气质，四处流亡碰壁的边缘人的形象，是本雅明的人生写照。

相比较本雅明的神学、美学、文学等思想的研究而言，

① [美]汉娜·阿伦特编：《启迪：本雅明文选》，张旭东等译，三联书店 2008 年版，第 23～24 页。

学界有关本雅明与马克思历史唯物主义学说的关系研究显得较为单薄,正如加拿大学者弗莱切在《记忆的承诺:马克思、本雅明、德里达的历史与政治》一书中所指出的那样:“从学术的角度深入探索本雅明与马克思之间关系的研究工作凤毛麟角。”[①]这种现象不仅是在西方学术界,而且在我国学术界亦是如此。事实上,历史唯物主义是本雅明重构历史理论的极为重要的理论来源。从历史唯物主义的存在论视域来看,首先,本雅明的历史研究,有着和历史唯物主义相同的理论旨趣:表征真理和救赎解放。其次,研究的路径都是从社会历史运动的起源中展开探索,用本雅明在《历史哲学论纲》中引用卡尔·克劳斯的“起源即目标”[②]这句话表达这一点会相当贴切。弗莱切对本雅明历史研究总体性的评价也能充分说明这一点:“本雅明主张从历史出发去‘反思问题’。这种反思在‘对问题:‘实际上是什么?’的思考中逐渐成熟,而问题‘实际上是什么’既不能从科学的角度作答,也不能被设定。……进而从源初之处质疑历史发展的内在进程。”[③]再次,通过呼唤无产阶级和大众的“感性意识”觉醒并在共产主义政治实践中达到解放的目标更是秉承了历史唯物主义的原初精神,正是历史唯物主义为本

① [加]弗莱切:《记忆的承诺:马克思、本雅明、德里达的历史与政治》,田明译,华东师范大学出版社 2009 年版,第 14 页。

② [美]汉娜·阿伦特编:《启迪:本雅明文选》,第 273 页。

③ [加]弗莱切:《记忆的承诺:马克思、本雅明、德里达的历史与政治》,第 35～36 页。

雅明的弥赛亚救赎的世俗化进程提供了现实的行动路径。

本雅明对历史唯物主义的关注和思考始自“一战”前后，1925 年问世的《单向街》是他从历史唯物主义的理论视域研究社会、政治和历史的第一部作品。这是本雅明对资本主义的社会生活及其意识形态进行“辩证意象”的历史批判的开端。阿多诺认为这部作品是“本雅明著述中可以归入到他计划从事的有关现代主义起源研究中去的第一部著作”①。

进一步“把马克思文本继承问题与当时的政治氛围结合在一起，为继承马克思的事业开辟了一条新的思路”②的是本雅明在 1927 年着手开展的巴黎拱廊街研究计划，这是一项关于社会历史文化研究的浩大工程，由于本雅明英年早逝而未能最终完成。历史唯物主义对本雅明的影响突出体现在这部作品中，拱廊街的研究深受《资本论》相关内容的启发。在这里，本雅明实现了以历史唯物主义分析框架对现代性展开辩证意象的历史批判的工作，他深入考察了资本主义社会异化的现实状况，阐明了现代性神话产生的根源，挖掘和释放辩证意象所蕴含的解放和救赎的潜能，探求一条达到人的本真的生存状态的有效路径。

本雅明对资本主义社会异化的触角衍伸至艺术文化领

---

① ［德］瓦尔特·本雅明《单行道》，王涌译，译林出版社 2012 年版，第 109～110 页。

② ［加］弗莱切：《记忆的承诺：马克思、本雅明、德里达的历史与政治》，第 14 页。

域研究的成果是1936年创作、1939年最终完稿的《机械复制时代的艺术作品》。本雅明将其视作“《拱廊街计划》的姊妹篇”[①]，认为“它所反映的现实和问题对19世纪的回顾将起决定性作用”[②]。在对大众运动与科学技术共同引致的机械复制时代新型的集体艺术经验的分析中，本雅明充分运用了历史唯物主义的“生活决定意识”的分析框架。他认为，恰恰是在这一不可阻挡的历史潮流中，在艺术形式的嬗变中迎来希望的曙光，因为其中蕴藏着可以突破和对抗资本原则的一股重要的救赎力量。

《历史哲学论纲》是本雅明的绝笔之作，写于1940年初。这篇文稿最初的名字是《论历史概念》，后人整理收入文集时定名为《历史哲学论纲》。在这里，本雅明在进一步强调历史进步论和历史主义的本质的虚幻性中破除了线性“时间”的观念，并从赋予当下瞬间的救赎功能中强化了对历史唯物主义的“历史”维度的认知，在对历史唯物主义的庸俗化、教条化的误读的批判中，本雅明表达了他对历史唯物主义研究路径的理解以及对作为崭新的知识形态的历史唯物主义的热切向往：

历史主义给予过去一个“永恒”的意象；而历史唯

① ［英］戴维·弗里斯比：《现代性的碎片——齐美尔、克拉考尔和本雅明作品中的现代性理论》，卢晖临等译，商务印书馆2013年版，第270页。

② ［英］戴维·弗里斯比：《现代性的碎片——齐美尔、克拉考尔和本雅明作品中的现代性理论》，第270页。

物主义则为这个过去提供了独特的体验。……历史主义理所当然地落入了普遍历史的陷阱。唯物主义史学与此不同，在方法上，它比任何其他学派都更清晰。普遍历史理论连护甲都没有。它的方法七拼八凑，只能纠合起一堆材料去填塞同质而空洞的时间。与此相反，唯物主义的历史写作建立在一种构造原则的基础上。思考不仅包含着观念的流动，也包含着观念的梗阻。当思考在一个充满张力和冲突的构造中戛然停止，它就给予这个构造一次震惊，思想由此而结晶为单子。历史唯物主义者只有在作为单子的历史主体中把握这一主体。在这个结构中，他把历史事件的悬置视为一种拯救的标记。换句话说，它是为了被压迫的过去而战斗的一次革命机会，他审度着这个机会，以便把一个特别的时代从同质的历史进程中剥离出来，把一种特别的生活从那个时代剥离出来，把一篇特别的作品从一生的著述中剥离出来。这种方法的结果是，他一生的著述在那一篇作品中既被保存下来又被勾除掉了，正如在一生的著述中，整个时代既被保存下来又被勾除掉了，而在那个时代中，整个历史流程既被保存下来又被勾除掉了。那些被人历史地领悟了的瞬间是滋养思想的果实，它包含着时间，如同包含着一粒珍贵而无味的种子。[①]

① [美]汉娜・阿伦特编:《启迪:本雅明文选》,第 274～275 页。

第二节 辩证意象的历史批判：现代性的文化符号解析

一、19 世纪的巴黎：起源即目标

谈论本雅明对现代性状况的分析，毫无疑问，19 世纪的巴黎是一个难以绕开的主题。

进入 19 世纪，西方资本主义的发展迎来了它的"黄金时期"。工业化进程推动了城市的发展，催生了发达资本主义时代的现代化大都市——巴黎。它被举世公认为最豪华最时尚的城市，成为资本主义高度发展时期的典范，法兰西文化在 19 世纪的欧洲文化中亦占据了举足轻重的一席之地，因此，巴黎成为 19 世纪欧洲的首都。

在本雅明看来，散落在资本时代的理念都汇聚于此。于是，一个具象生动的城市与一个抽象宏阔的时代在本雅明这里就有了最切近的关联，成为他以单子式模型研究社会历史的对象，正如他在思索如何在历史唯物主义的理论视域下开展研究时所说的那样："怎样才能将一种高度的形象化(Anschaulichkeit)与马克思主义方法的实施相结合，这个项目的第一步就是把蒙太奇的原则搬进历史，即用小的、精确的结构因素来构造出大的结构，也即是，在分析小的、个别的因素时，发现总体事件的结晶。”[①]本雅明力图从这一研究中阐明20世纪的末世是如何从19世纪的盛世中孕育而来，并生成和还原19世纪这个盛世的原初历史的本来面相，“去寻找现代性的原初含义”[②]，揭穿现代性所营造的幻梦的秘密，能够从根源上发掘出唤醒沉睡于其中的大众和无产阶级的感性意识的方式，由此达到救赎人类的最终目标。

为什么对当下的现代性危机的拷问与疗愈需要回溯到对一个逝去的时代进行研究，并且要在这一研究中探寻现代性的原初历史？应该说这关乎本雅明的历史研究的旨趣与方法，可以从他的以下这段论述中得到启发：

> 历史的“理解”在原则上应该被理解为那已被理解过的事物的死后的生活（afterlife），因此那些通过对其死后生活和声誉进行分析而被认知的事物应该被看作是普遍意义上的历史本身的基础。[③]

在本雅明看来，那些“进行分析而被认知的事物”才是真正的历史本源，只有溯本清源，方能开显当下之意义。那

① [德]瓦尔特·本雅明：《〈拱廊计划〉之N：知识论、进步论》，郭军译，汪民安：《生产》第1辑，广西师范大学出版社2004年版，第313页。

② [英]戴维·弗里斯比：《现代性的碎片——齐美尔、克拉考尔和本雅明作品中的现代性理论》，第267页。

③ [德]瓦尔特·本雅明：《〈拱廊计划〉之N：知识论、进步论》，汪民安：《生产》第1辑，第313页。

么,“19 世纪对于进入这个时代的批判视野来说都是先验的”①。基于这种考量,本雅明探讨 19 世纪的巴黎即是要从这个现代性的起点入手的,从而进一步还原和生成“原初历史”的真实面相,他这样谈及自己的计划:“在《拱廊计划》中我也在寻找本原,即我从拱廊的兴衰中寻找其建造和转换的本原,并通过经济事实抓住这一本原……它们使拱廊的整个具体历史的形成得以显现,正像一片树叶从自身展示出整个经验的植物王国的全部财富一样。”②

然而,只是追问本原、探索逝去的记忆显然不是本雅明真正的兴趣,他这样说道:

> “19 世纪的原初历史”——如果将此理解为可从 19 世纪的全部事物清单中重新发现原初历史的形式,这就没有意义了,只有当 19 世纪——以一种形式,在这种形式中,整个原初历史以合适于这个世纪的意象将自己重新组合——被表征为原初历史的本原形式时,只有这时 19 世纪原初历史这个概念才有意义。③

以上这段论述说明,本雅明并不认为 19 世纪原初历史就是一个实证的历史主义者眼中的那个从前的时代,这个

① Uwe Steiner, *Walter Benjamin: An Introduction To His Work and Thought Translated by Michael Winkler*, The University of Chicago Press, 2010, p. 2.

② [德]瓦尔特·本雅明:“《〈拱廊计划〉之 N:知识论、进步论》,汪民安:《生产》第 1 辑,第 315 页。

③ [德]瓦尔特·本雅明:《〈拱廊计划〉之 N:知识论、进步论》,汪民安:《生产》第 1辑,第317 页。

“从前”与“现在”存在的是纯粹时间的延续关系，这个线性时间的链条是僵死的历史事实的聚居之所。在他看来，19世纪的“原初历史”是从当下的瞬间即从空间的辩证意义上建构的丰富的时刻，揭示出其中蕴含的启明当下的意义才是重要的。关于这一点，英国学者戴维·弗里斯比的理解十分的贴切：“现代性的起源，不加夸张地讲，它一跃而存在，依附在19世纪的作为‘当下实际时间的即刻实际的存在之中。本雅明的现代性史前史的目的是‘逐渐增加的对现实的集中(整合)……在现实里，所有的过去可以保持一个比它存在时刻更高的即刻性层次’……本雅明从事现代性辩证意象的研究，就是着重在我们的现在中探究过去的较高程度的即刻性。‘人们使得事物呈现的最好方法是在我们的空间中想象它们。’”[①]从马克思的历史唯物主义存在论视域来看，本雅明将对社会真理的追问置于历史性的维度上，并力图在感性的历史性存在的意义上释放出历史时刻的丰富性。对“原初历史的本原形式”探寻的旨趣，并不在于复原出精确的实证的旧时景象，而是要将现代性的理性范畴规定之前的“生活世界”呈现出来，以澄明社会事实的本质，清理出一条通向救赎的坦途。

卢卡奇对历史总体性的思考对本雅明有着十分重要的影响，有的学者这样评价道：“‘历史唯物主义’在本雅明的

① [英]戴维·弗里斯比：《现代性的碎片——齐美尔、克拉考尔和本雅明作品中的现代性理论》，第298页。

思想中是卢卡奇意义上的，即透过表象，揭示总体性。”①事实的确如此，本雅明找寻那些从历史连续性的“震惊”和“爆裂”中闪现出来的历史碎片式的辩证意象，是因为它们存留着对原初历史本原形式的“总体性”的记忆，蕴藏着破解总体性的密码，如果将它们重新拼贴啮合在一起，历史总体性的真实面相自然就能浮现出来。而这些碎片总归会重归于一，因为它们原本就是总体性的一分子，彼此之间存在着原生的吸引力，可以完成作为历史碎片的使命。这样“整个原初历史以合适于这个世纪的意象将自己重新组合”②。

在本雅明看来，追寻“原初历史的本原形式”本身即意味着达到了历史理论的目标。正如在《单行道》中译本的译者前言中所评价的那样：“本雅明的特点应该是在救赎。”③可以说，本雅明版本的历史唯物主义的现实旨趣是在“世俗的启迪”里达到人类的救赎。而弥赛亚的救赎事业，在他看来，只有在历史唯物主义和卢卡奇的总体性的框架之中才最具理论的号召力。因此，他转而强调弥赛亚救赎应当依托现实的无产阶级的革命实践活动。但是20世纪初期，欧洲政治形势越发严峻、社会主义运动陷入低潮的现实境遇使本雅明认识到救赎最关键的是无产阶级和大众的“感性意识”的觉醒。他的这种判断与卢卡奇的无产阶级的革命

---

① 郭军：《本雅明：卡巴拉传统中的阐释学》，汪民安：《生产》第1辑，第402页。

② ［德］瓦尔特・本雅明：《〈拱廊计划〉之N：知识论、进步论》，汪民安：《生产》第1辑，第317页。

③ ［德］瓦尔特・本雅明：《单行道》，第1页。

意识就是革命理论的观点是相一致的。从马克思的历史存在论视域来看,感性意识即是人们对社会实践活动中生成的对人的社会存在的具有普遍性而非个体的意识。本雅明不仅清醒地认识到这一点,而且还提出了一个重要观点,即唤醒无产阶级和大众的"感性意识"的契机不能悬置在一个遥远的希望之中,也就是寄托在后世的子孙后代那里,而是在当下就应从那些被遗忘的受奴役、受压迫的祖先的革命意志和诉求那里继承而来,并时刻提防资产阶级意识形态对其进行侵蚀和遮蔽。这些革命意志和诉求,就潜藏着在历史碎片式的辩证意象上,寓于对原初历史的本原形式的探索之中,因此,从这个意义上来说,起源就意味着目标。

二、辩证意象:历史唯物主义研究的对象

拱廊街、世界博览会、股票交易所、垃圾、废墟、人群、拾垃圾者、收藏家、闲逛者、文人、英雄、波希米亚人等各种历史碎片式的辩证意象是资本时代的文化符号,一起构筑起了现代性的梦幻之城。在本雅明对 19 世纪原初历史的本原形式的研究当中,它们纷纷走入了他的世界。

在本雅明看来,辩证意象正是历史唯物主义描述历史过程、建构历史真知的对象,这可以从两个方面得到说明。

首先,本雅明有一个重要的观点:"历史解体为意象而

不是故事"[①],而且"只有辩证意象才是真正历史的(即不是陈旧的)意象"[②]。在他看来,对历史认知建构首先要做的是"拆毁"。因而,作为历史碎片的具体意象就这样进入了本雅明的视域。辩证的意象不应是被尘封的记忆或者被掩埋的弃物,它们不在匀质的空泛的时间当中,而是在敞开启明当下之丰富的存在意义的辩证空间里,历史唯物主义赋予它们"独特的体验"[③],而非"永恒的意象"[④]的存在,它们"出现在辩证对立最大的张力之处"[⑤],是刺穿现代性隐秘面纱的利器。因此,"在对历史的唯物主义描述中建构起来的对象本身就是辩证意象"[⑥]。

辩证意象以其历史的辩证性使当下的瞬间汇聚了人类社会历史性存在的完整性,从过去、现在并延伸至未来。而这一辩证性源自人的活动的辩证的和历史的维度,因而它们才具有生成和创造的力量,这种力量会在历史的关键时刻迸发出来成为救赎的重要力量,"它证实了需要把它从历

① [德]瓦尔特·本雅明:《〈拱廊计划〉之N:知识论、进步论》,汪民安:《生产》第1辑,第332页。

② [德]瓦尔特·本雅明:《〈拱廊计划〉之N:知识论、进步论》,汪民安:《生产》第1辑,第316页。

③ [美]汉娜·阿伦特编:《启迪:本雅明文选》,第274页。

④ [美]汉娜·阿伦特编:《启迪:本雅明文选》,第274页。

⑤ [德]瓦尔特·本雅明:《〈拱廊计划〉之N:知识论、进步论》,汪民安:《生产》第1辑,第332页。

⑥ [德]瓦尔特·本雅明:《〈拱廊计划〉之N:知识论、进步论》,汪民安:《生产》第1辑,第332页。

史过程的连续体中爆破出来的合理性”[①]。基于此，本雅明认为：“历史的唯物主义的表征是意象主义的，在更高的意义上比传统表征更加意象化，决不放弃任何表明这点的观点。”[②]

其次，辩证意象的辩证性还体现在它既是时代的真实写照，又同时是时代的幻像。“在辩证意象中，某一特定时代中的东西同时也总是‘亘古不变的事物’……人类擦亮眼睛突然认出如此这般的梦幻意象的时代。”[③]因此，本雅明强调，历史唯物主义者承担起释梦者的重任就应该从这个辩证意象入手，“把一种特别的生活从那个时代中剥离出来”[④]。

三、拱廊街：现代性辩证意象批判的原点

在诸多辩证意象当中，敲开现代性梦幻迷宫大门的是19世纪巴黎的建筑中最为典型的“拱廊街”。它不仅是现代都市人的集结地，更是资本主义现代性神话的缩影。因此，本雅明将其作为对资本主义现代性的辩证意象批判的切入点。

---

① [德]瓦尔特·本雅明：《〈拱廊计划〉之N：知识论、进步论》，汪民安：《生产》第1辑，第332页。

② [德]瓦尔特·本雅明：《〈拱廊计划〉之N：知识论、进步论》，汪民安：《生产》第1辑，第316页。

③ [德]瓦尔特·本雅明：《〈拱廊计划〉之N：知识论、进步论》，汪民安：《生产》第1辑，第318页。

④ [美]汉娜·阿伦特编：《启迪：本雅明文选》，第275页。

“拱廊街”一词源自法语“Passages”，又译为“拱门街”或“拱顶长廊”，是位于巴黎市中心的一种以玻璃顶棚为盖、集资本主义先进的科学技术和繁荣的工商业于一体的商业步行街。它始建于18世纪末，蓬勃发展于19世纪，是19世纪及20世纪前期巴黎最为重要和奇特的景观之一，是“新生产方式、新交易中心、新建筑材料（钢铁、玻璃等）的出现造就了拱廊街”[①]。

从外形上看，拱廊街采用了宗教教堂塔楼式建筑风格，却又比任何宗教教堂宽阔华丽；在空间格局和建筑采光上，它类似于古罗马万神殿的设计结构，钢铁架构的拱顶支撑起大块玻璃，阳光透过玻璃散发出天国般的神秘之光，从而使拱廊街活像一座世俗宗教的“神殿”。

作为一种商业街区建筑，拱廊街是现代大型百货商场的先驱。它两侧是各式各样的豪华商铺，中间是宽敞的中心街道，街道上方的华美的玻璃拱顶将两侧商铺连为一体，宛如一个设计精美的露天内部世界，让人宾至如归。本雅明这样描绘道：“拱廊是新近发明的工业化奢侈品，这些通道用玻璃做顶，用大理石做护墙板，穿越一片片房屋。房主联合经营它们。光亮从上面投射下来，通道两侧排列着高雅华丽的商店。”[②]商店的玻璃橱窗里陈列着林林总总、五彩

① 陈学明主编：《20世纪西方马克思主义哲学历程》，天津人民出版社2013年版，第364页。

② [德]瓦尔特·本雅明：《巴黎，19世纪的首都》，刘北成译，商务印书馆2013年版，第100页。

斑斓的商品。在灯光的照射下，橱窗内外光芒四射，商品熠熠生辉，构筑起梦幻般的商品世界。商家不仅注重商品的有序展示和规划摆设，而且在商品的包装设计、广告策划等环节增添审美元素，以提高商品的观赏效果和美感程度，吸引和诱惑着熙来攘往的人群进入这个梦幻的世界并沉醉其中，因此，在本雅明看来，拱廊街就是"商品资本的庙宇"①，商品被赋予了拜物教的色彩，披上"神学外衣"而成为人们顶礼膜拜的偶像，人们沉醉在宗教般的麻醉之中难以自拔。正如马克思所言，"最初一看，商品好像是一种简单而平凡的东西。对商品的分析表明，它却是一种很古怪的东西，充满形而上学的微妙和神学的怪诞"②。马克思说它"古怪"是因为商品看似平常普通，却使"物"成为人们生活的主宰，现代社会变成了彻头彻尾的物化世界。它的出场即道出了现代性状况的真理：资本世界"是被它自己的幻境主宰着"③，商品拜物教正是幻境的原像。之所以说商品这个资本主义社会的特殊意象是辩证的，原因即在于此。它通过自身的辩证法就达到了对社会异化状况的揭示。本雅明在20世纪30年代写作《拱廊计划》这一时期，正值他马克思主义研究的高潮期。受到马克思的社会异化理论的启发，他通过对

① Walter Benjamin, *The Arcades Projects*. Translated by Howard Eiland Kevin Mclaughlin, Cambridge, Massach-usetts, and London, England: The Belknap Press of Harvard University Press, 1999, p. 37.

② 《马克思恩格斯选集》第2卷，第122页。

③ [德]瓦尔特·本雅明：《巴黎，19世纪的首都》，第59页。

经济事实的分析，直指现代性的要害。

为了进一步揭示资本主义现代性对人们生活的改变，围绕着“拱廊街和商品”这个主题，本雅明又谈到了“时尚”“新奇”这两个辩证意象。商品生产，就其本质而言是交换价值相同的再生产，所以资本主义生产的重要前提之一即是同质化。为了维持一派繁荣景象，资本主义就需要不断地制造出新的时尚。在本雅明看来，时尚看似新颖，在本质上却意味着“死亡”：

> 时尚是与有机的生命相对立的。它把生命体与无机世界耦合在一起。面对生命，它捍卫尸体的权利。[①]

在这段对时尚的分析中，本雅明将时尚与死亡相关联，指出时尚并不新颖，而是古老的。“时尚”这一意象的辩证性在于愈是追求时尚，就愈发表现为死亡。正如阿多诺在 1935 年写给本雅明的信中谈及对他思想的理解时所说的：“辩证意象是异化物和不断进进出出的意义的聚合，被用作例示表征死与意义的混化。表象中的物清醒地意识到最新的东西，死亡却把意义转变为最古老的东西。”[②]

资本主义为了维持资本世界的繁荣，不断地制造出新的时尚的秘密在于消除过去与未来的界限，使得商品更加畅销，使有生命的人屈服于无生命的商品，不断进入商品营

---

① [德]瓦尔特・本雅明：《巴黎，19 世纪的首都》，第 15 页。

② [德]瓦尔特・本雅明：《〈拱廊计划〉之 N：知识论、进步论》，汪民安：《生产》第 1 辑，第 320 页。

造的梦境以获得精神欲望的满足，并更持久地沉浸在这个梦幻世界当中。时尚的制造实际上利用了人们的趋群心理以消除个体性之间的差异，使人的主体性之维在新颖之物中被彻底地消解，从而实现了对个体主体性的操控。

本雅明发现，用新的时尚代替旧的时尚不过是为了掩盖商品的雷同，因为资本主义商品生产的一个重要前提就是同质化。由此看来，时尚同样也是商品拜物教的表现，它“规定了商品拜物教所要求的膜拜仪式。……让时尚不仅支配了日用品，也支配了宇宙”①。

关于新奇，本雅明指出，它“是一种独立于商品使用价值之外的品质。它是一种虚假意象的根源——这种虚幻意象完全属于由集体无意识所产生的意象。它是那种以不断翻新的时尚为载体的虚假意识的精髓。就像一面镜子反映在另一面镜子中那样，这种新奇幻觉也反映在循环往复的幻觉中。这种反映的产物就是‘文化史’幻境”②。正是基于新奇是集体虚幻意识的源泉这一点，本雅明将它确定为19世纪的辩证意象的一般性原则：“正如在17世纪寓言变成辩证意象的规范，19世纪新奇就是辩证意象的准则。”③

商品世界的时尚和新奇构成了商品拜物教的源泉和动力。对时尚和新奇的追求，展现的是人们对无生命的商品

---

① [德]瓦尔特·本雅明：《巴黎，19世纪的首都》，第15页。

② [德]瓦尔特·本雅明：《巴黎，19世纪的首都》，第22页。

③ [德]瓦尔特·本雅明：《巴黎，19世纪的首都》，第22～23页。

的崇拜。正是新奇促成了流行时尚，诱使人们疯狂地追求不断更新的流行时尚，沉浸在商品的外在表象所幻化出的梦幻世界中难以自拔，迷失了自我的主体意识。这一梦幻效应成为资产阶级迷惑广大消费者的诱饵，是资本主义社会生产的内在动力。梦幻效应愈是新鲜奇特，资本主义现代性所编织的神话就愈是历久弥新。

然而，掩盖了商品的本质、加剧了现代性梦幻效应的时尚和新奇又从根本上暴露出资本主义繁华背后的废墟本质，因为不管表现得如何新奇，时尚如何新颖，都不过是同一性的循环，越是追求它，就越表现为死亡，它的辩证性质揭示出的正是资本主义的真面目和它难以逃脱的命运。本雅明这样说道："巴黎依然屹立于世，社会发展的大趋势也一如既往。但是，这些趋势越是恒定不变，凡是曾经被经验冠以'全新'标志的事物越容易变得陈旧而被废弃。现代性几乎没有什么方面保持不变。"[①]阿多诺和本雅明也有着同样的认识："因为死物可充当主观意图的意象，这后者把自己呈现为原初和永恒。"[②]然而，现代性并不具有永恒性和神圣性，其实在其建构的同时便意味着拆毁。在废墟意象当中，人类的一切努力都将是徒劳无功的，"笼罩着商品生产社会的浮华和辉煌，以及这个社会的虚幻的安全感，都不能

① [德]瓦尔特·本雅明：《巴黎，19世纪的首都》，第167页。

② [德]瓦尔特·本雅明：《〈拱廊计划〉之N：知识论、进步论》，汪民安：《生产》第1辑，第320页。

使社会免于危难……正如一种新时尚不可能让社会焕然一新"[①]。本雅明还指出:"只要幻境在人类中间占据着一席之地,人类就将遭受一种神话式的痛苦。"[②]

拱廊街如同巴黎的象征,它记录了19世纪巴黎社会的历史变迁,充分地诠释了巴黎的本质,这个本质即是资本主义社会就是一个商品拜物教的梦幻世界,它由资本主义的生产方式所决定,这是现代社会变迁的真正的轴心。

第二节　对历史进步论的批判

一、批判历史进步论的起因

本雅明之所以对19世纪的巴黎开展辩证意象的历史批判,在于"辩证意象将把梦象牵引到一个被唤醒的状态"[③]。也就是说,他对现代性的19世纪起源的探索,最终的目标是击碎现代性虚幻的迷梦,唤醒沉睡的大众和无产阶级。

所以,他所扮演的就不单单是释梦者的角色。他这样形容自己:"当我在研究这个离我们如此近又如此远的时代

---

① [德]瓦尔特·本雅明:《巴黎,19世纪的首都》,第34页。

② [德]瓦尔特·本雅明:《巴黎,19世纪的首都》,第34页。

③ Susan Buck-morss, *The Dialectics of Seeings: Walter Benjamin and Arcades Projects*, London, England: The MIT Press of Cambridge, 1989, p. 261.

时，我把自己比作正用局部麻醉法实施手术的外科医生。”① 他所要做的更为重要的是救赎，而且是从早期的神秘主义转向在现实历史和政治实践中寻求救赎的可能性。他说：“历史地描绘过去……意味着捕获一种记忆，意味着当记忆在危险的关头闪现出来时将其把握。”② 从历史唯物主义的存在论视域来看，这里的“记忆”指的是蕴藏在大众和无产阶级中的“感性意识”，它是受压迫者的革命精神和解放意识，是被资产阶级意识形态重重侵蚀和遮蔽之下仍一息尚存的救赎希望。本雅明力图在现代性危机中将其努力拯救出来作为重构历史、救赎受难者的积极的实践力量。要达到这一目标，就需要唤醒和激发他们的这一感性意识。

谈论本雅明拯救“感性意识”的工作，首先要考察他对历史进步论以及历史进步论的信奉者和践行者即历史主义（主要指以兰克为代表的德国实证的历史主义）和庸俗的马克思主义（主要指第二国际的主力军德国社会民主党）的批判。

之所以首先涉及这一问题，是由于本雅明的“救赎意图”以及他与历史唯物主义的关系主要寓于这一问题的探讨当中。具体而言，首先，本雅明认为，只有在破除对历史进步论历史的线性发展模式和历史目的论的信仰的基础

---

① ［德］瓦尔特・本雅明：《〈拱廊计划〉之 N：知识论、进步论》，汪民安：《生产》第1辑，第315页。

② ［美］汉娜・阿伦特编：《启迪：本雅明文选》，第267页。

上，只有彻底打碎这种历史观的禁锢，才能抓住每一个救赎的契机，从而使大众和无产阶级从现代性幻象和神话中真正地苏醒过来，激发其现实的解放行动。其次，本雅明只有在对历史主义的批判中，才能为建构其历史理论的根本原则破除思想上的蔽障。最后，本雅明正是在批判了第二国际理论家尤其是德国社会民主党对马克思思想的庸俗化、教条化的理解，将真实的历史唯物主义从实证主义化和客观主义化倾向的误读和歪曲中解放出来，从而充分释放出历史唯物主义指引人类达至解放的革命和实践的理论力量。

二、历史进步论的虚无本质

历史进步论是启蒙哲学建构的一种历史观，诞生于18世纪的欧洲。这一观念建立在两个基本主张的基础之上：一是历史目的论，它认为历史是一个有意义的发展历程，都有一个终极目的。二是线性的、单向的发展模式。由于这一历史观"分享了基督教历史神学的要素，人世便被赋予一个从过去到未来或从起点到终点的救赎过程，作为线性进程的'历史'观念就出现了"[①]。事实上，这一历史观存在着一系列内在的理论缺陷：其一，暗含了对传统的蔑视和对时尚的追逐，因为相信"新的才是好的"。其二，无视不同文化、不同传统之间的异质性。因为相信进步是具有普世

① 刘小枫：《洛维特对历史进步观念的批判》，《安徽大学学报（哲学社会科学版）》2015年第6期。

性的。其三，“进步”就必然包含着对更好的未来的“承诺”，因为相信从过往到后来、从陈旧的不好的到新的好的这一过渡是不可逆转和无法避免的。[①] 其四，历史“进步”的论调遮蔽了进步本身所付出的代价，并为代价的付出提供了合理化的空间。

本雅明对历史进步论的批判正是针对它的这些缺陷而展开的。先从总体上来看，他认为历史进步论归根结底是资本主义现代性的产物，作为一种理论形态它是资本主义社会的现实状况在观念上的表达，归属于资本时代以来的理性形而上学的建制，因此，它的缺陷与形成它的源头息息相关。倘若坚持这一观念必将无法形成对资本主义的真正的批判而迎来救赎的曙光，所以他对这一历史观相当抵制，正像人们所了解到的那样：“由传统的历史概念所缔造的东西全部化作烟云，他再也不能相信一个历史事件必然产生于另一个历史事件，且所有的事件共同构成进步的运动。”[②] 对本雅明和马克思的思想关系进行过深入研究的弗莱切对此也深有同感：“本雅明对线性时间观的思维导向尤为反感，而对历史客体会最终穷尽的思想亦不认同。”[③]

再来具体分析本雅明如何深入到了历史进步论的本质

---

① 参见何中华：《“进步”的神话及其危机——兼谈马克思哲学同进步论的区别》，《山东科技大学学报（社会科学版）》2007 年第 5 期。

② [德]西奥多·阿多诺、[法]雅克·德里达等：《论瓦尔特·本雅明——现代性、寓言和语言的种子》，郭军等译，吉林人民出版社 2003 年版，第 347 页。

③ [加]弗莱切：《记忆的承诺：马克思、本雅明、德里达的历史与政治》，第 36 页。

的一维当中揭穿其在根本上的虚幻性，并展现他在对历史主义和庸俗马克思主义的批判中力图还原历史唯物主义所作出的努力。

本雅明指出："这风暴无可抗拒地把天使刮向他背对着的未来，而他面前的残垣断壁却越堆越高直逼天际。这场风暴就是我们所称的进步。"[①]历史进步论构画出人类社会历史发展的线性的、单向的路线，承诺人们最终一定会达至完满美好的社会状态，这在一定程度上就为掩盖其实际存在的社会矛盾和资产阶级暴力行径提供了合法化的依据，因此，毋宁说这一论调就是一种钳制人的革命精神的意识形态。"这样就导致了苦难的发现和诠释都被一一错过了。"[②]在本雅明看来，"进步的概念应建立在灾难的理念上。事情即'现状'，这就是灾难"[③]。这是本雅明针对历史进步论的言说对死者的遗忘和暴力而说的，在他看来，"没有一座文明的丰碑不同时也是一份野蛮暴力的实录"[④]，这份实录之所以是暴力的，也恰恰在于它所遗弃的内容。

以德国社会民主党为代表的第二国际理论家从理论到实践都坚持历史进步论："社会民主主义的理论和实践都是围绕着'进步'概念形成的。但这个概念本身并不依据现

---

① [美]汉娜·阿伦特编：《启迪：本雅明文选》，第 270 页。

② [加]弗莱切：《记忆的承诺：马克思、本雅明、德里达的历史与政治》，第211 页。

③ [德]瓦尔特·本雅明：《〈拱廊计划〉之 N：知识论、进步论》，汪民安：《生产》第 1 辑，第 329 页。

④ [美]汉娜·阿伦特编：《启迪：本雅明文选》，第 269 页。

实,而是创造出一些教条主义的宣传。社会民主党人心中描绘的进步首先是人类自身的进步(而不仅是人的能力和知识的增进)。其次,它是一种无止境的事物,与人类无限的完美性相一致。最后,它是不可抗拒的,它自动开辟一条直线的或螺旋的进程。所有这些论断都引起了争吵,招来了批评。但真正的批评必须穿透这些论断而击中其共同的基础。"[①]不仅如此,他们将马克思的具有革命性和批判性的历史唯物主义也贴上了历史进步论的标签,将其歪曲为一种具有历史目的论和历史决定论倾向的学说,把历史唯物主义庸俗化、教条化为一套关于事先设定好的历史发展图式和规律的学说体系,将人的感性意识和实践活动排除在外。具体而言,他们认为历史唯物主义为历史的发展设定了一个终极目标即共产主义,承诺共产主义的实现是必然的,这样,受压迫者所遭遇的苦难与终将获得胜利的承诺就直接对应起来,在历史进步观念和美好承诺的侵蚀下,人们逐步丧失了对现实问题的辨识和批判的能力。"社会民主党认为给工人阶级指派一个未来几代人的拯救者的角色再恰当不过了,他们就这样斩除了工人阶级的最强大的力量。这种训练使工人阶级同时忘却了他们的仇恨和他们的牺牲精神。"[②]而且,"一旦它成为一个作为整体的历史过程的标志,那么进步的概念就表明为一种非批判性的实体化,而不

---

① [美]汉娜·阿伦特编:《启迪:本雅明文选》,第273页。

② [美]汉娜·阿伦特编:《启迪:本雅明文选》,第272页。

是一种批判性的质疑了”[①]。所以，人们还会将生存的真正紧急状态接受为一种习以为常的状态，认为即便是暴力和不平等也不过是历史进步过程中必然要付出的代价。这就导致了在当时极为严峻的政治局势下，无产阶级的革命时机都由于相信历史进步论的论调而白白错过，现实的革命行动被无限期地推延，这同时也为法西斯主义的得逞提供了良机。本雅明在分析法西斯主义的成因时就指出："法西斯主义之所以有机可乘，原因之一是它的对手在进步的名义下把它看成一种历史的常态。”[②]

即便庸俗的马克思主义如此扭曲历史唯物主义，在本雅明这里，他所批判的马克思主义也只是这种误读了的版本，而不是马克思的思想本身。因此，正如本雅明在《拱廊街计划》关于“知识和进步的理论”一节中强调的那样，“这个项目的方法论目的之一就是展现一种历史唯物主义，它从自身内部取消了关于进步的观念。正是在这点上，历史唯物主义有足够的理由把自己与资产阶级的思维习惯截然划清界限。它的基本概念不是进步，而是现实化”[③]。事实上，在马克思那里，共产主义是一场现实的历史运动。他并未对其作预先的具体的设定，认为它会在理性的历史逻辑

① [德]瓦尔特·本雅明：《〈拱廊计划〉之N：知识论、进步论》，汪民安：《生产》第1辑，第335页。

② [美]汉娜·阿伦特编：《启迪：本雅明文选》，第269页。

③ [德]瓦尔特·本雅明：《〈拱廊计划〉之N：知识论、进步论》，汪民安：《生产》第1辑，第312～313页。

的展开中自然出现，也未曾具体地描述共产主义的实然状态，共产主义的实现需要无产阶级的革命精神和解放意识的觉醒和释放，并依靠他们自觉地担负起解放使命。

三、救赎契机的选择

在戳穿了历史进步论的虚幻性，批判了历史主义和以德国社会民主党为代表的庸俗马克思主义之后，本雅明认为，作为一个历史唯物主义者，所要做的就是挣脱进步论的禁锢，“尽可能切断自己同它们的联系。他把同历史保持一种格格不入的关系视为自己的使命”[①]。那么，如何做到这一点呢？首先要“把一个时代从物化的历史‘连续性’中爆破出来”[②]。本雅明借助犹太教神学思想的支撑，将犹太教的禁令作为他的理论建构的依据，“我们知道犹太人是不准研究未来的。然而犹太教的经文和祈祷（Torah）却在回忆中指导他们。这驱除了未来的神秘感。而到预言家那里寻求启蒙的人们却屈服于这种神秘感。这并不是说未来对于犹太人已变成雷同、空泛的时间，而是说时间的分分秒秒都可能是弥赛亚侧身步入的门洞。”[③]也就是说，他将置身的历史时期理解为一个特定的弥赛亚降临的时间，认为每一个历史时刻都有被救赎的希望，每一个“当下”都具备革命和

① ［美］汉娜・阿伦特编：《启迪：本雅明文选》，第 269 页。

② ［德］瓦尔特・本雅明：《〈拱廊计划〉之 N：知识论、进步论》，汪民安：《生产》第 1 辑，第 330 页。

③ ［美］汉娜・阿伦特编：《启迪：本雅明文选》，第 276 页。

解放的可能性。本雅明强调“历史唯物主义者不能没有这个‘当下’的概念”[①]。每一个时刻都是一个辩证的时刻，敞开的是一个丰富的空间结构，既有“观念的流动，也包含着观念的梗阻”[②]。他想让人们意识到应该做和所能做的便是关注当下，观照现实。在他看来，人们其实都被赋予了弥赛亚式的力量，弥赛亚救赎的种子在人们传承苦难的记忆中保留下来，这些记忆并不注定已是过去，而是能够被时时唤起。救赎并不指向赎罪与被审判，而是拯救存留在这些记忆中的人们的希望，从一定意义上说，这种希望正是马克思所说的未被理性的意识形态所遮蔽的人们的“感性意识”。本雅明希望借助于弥赛亚救赎理论打破无产阶级和大众头脑当中被资产阶级意识形态所蛊惑的那种历史连续性的幻觉，切断过去苦难的记忆与未来胜利的承诺之间的人为的联系，这样，无产阶级和大众的感性意识在当下就有被唤醒和拯救的希望，人类的解放就可以在任何时刻来临。每一个当下都将成为一扇可以通向弥赛亚的门，[③]所以本雅明说：“历史是一个结构的主体，但这个结构并不存在于雷同、空泛的时间里，而是坐落在被此时此刻的存在所充满的时间里。”[④]

---

① [美]汉娜·阿伦特编：《启迪：本雅明文选》，第 274 页。

② [美]汉娜·阿伦特编：《启迪：本雅明文选》，第 275 页。

③ 夏巍：《从波德莱尔到布莱希特——本雅明的文化救赎之路》，《学术交流》2016 年第 8 期。

④ [美]汉娜·阿伦特编：《启迪：本雅明文选》，第 273 页。

本雅明提出，历史唯物主义者还应该“炸开一个时代的同质性，将废墟——即当下——介入进去”[①]。换言之，要进一步寻求在资本主义社会现代性的虚幻经验中去重构历史的可能性，而这里存在的一个重要前提是，到当下时代的资源中唤醒沉睡中的积极的革命性力量，由谁来担负起这个唤醒的使命呢？本雅明认为是拾垃圾者。“拾垃圾者”是他赋予现代文人的另一种形象的比喻。他引用了波德莱尔描述这类人的一段话加以说明：“我们这里有一个人，他不得不收集这个城市前一天的垃圾。凡是这个大城市抛弃的东西，凡是它丢失的东西，凡是它唾弃的东西，凡是它践踏的东西，他都加以编目和收集……就像一个吝啬鬼守护着一个宝库那样，他收集着各种垃圾。那些垃圾将会在工业女神大嘴的吞吐中成为有用的和令人满意的物品。”[②]本雅明认为这段描写是波德莱尔对文人所从事的工作的一个夸张隐喻。“垃圾”指的即是与现代文明格格不入，有悖于商品拜物教逻辑的碎片式的辩证意象，它们携带着过去的烙印而通向未来，从中毁灭的力量依稀可寻，而知识分子的社会使命就是将这些“垃圾”从资本主义的废墟中努力拯救出来，这种拯救“都多多少少模糊地反抗着社会，面对着飘忽不定的未来。在适当的时候，他能够与那些正在撼动这个

① ［德］瓦尔特・本雅明：《〈拱廊计划〉之 N：知识论、进步论》，汪民安：《生产》第1辑，第330页。

② 转引自［德］瓦尔特・本雅明：《巴黎，19世纪的首都》，第154页。

社会根基的人产生共鸣”[①]，因而这些拾垃圾者的出现“使那个时代感到惊骇”[②]。但本雅明旋即又指出知识分子尽管被资产阶级排斥，但也不可能被无产阶级化。因为“他对自己的生存状况、即生产体制强加给他的生产方式认识得越清楚，他越使自己无产阶级化，他就越感受到商品经济的逼人寒气，也就越发不会移情于商品。但是，波德莱尔所属的小资产阶级的情况还没有发展到这一地步。就我们讨论的这一时期而言，这个阶级只是刚刚开始衰落。终究有一天它的许多成员会被迫意识到自己劳动力的商品性质。但是这一天尚未到来；在此之前，可以这样说，他们就可以随意地打发他们的时间。事实上，他们所获得的至多是享乐，而决不是权力”[③]。

因此，尽管本雅明将知识分子视作社会的批判者，但是他也不无遗憾地指出，即便是波德莱尔，也只能通过讽喻来表现这个物化世界，却不可能成为重建社会秩序的中坚力量。无论如何，对本雅明这位“救赎的哲学家”来说，知识分子所捡拾起的那些宝贵的“垃圾”包含着唤醒大众和无产阶级并指引人们通向未来的种子，只要有一丝光亮，他就要踏上“拯救”的征程。

---

① [德]瓦尔特·本雅明:《巴黎，19 世纪的首都》，第 73～74 页。

② [德]瓦尔特·本雅明:《巴黎，19 世纪的首都》，第 73 页。

③ [德]瓦尔特·本雅明:《巴黎，19 世纪的首都》，第 126 页。

第三节　艺术与救赎的实践力量

阿多诺曾说过，暗含在本雅明思想当中的张力，是为了重提革命的渴望。事实的确如此。那么，在本雅明的救赎之路上，哪里能寻得宝贵的革命火种呢？他说："野蛮就掩藏在文化概念里面——（文化）作为一堆独立的价值概念，当然并不独立于这些概念得以产生的生产过程，而是在这个过程中存活。"[①]在当代文化特别当代艺术的嬗变中，本雅明发现了足以对抗资产阶级意识形态的感性意识，辨识出救赎的可能性："在每一部真正的艺术作品中，都有这样一处，在此，对一个迁居进来的人来说，它如晨风般凉爽，由此可推断，艺术，这个往往被认为对任何与进步有关联之事麻木不仁的门类，正能够为之提供真正的定义。"[②]

他声称，资本主义自身会创造出某种新的社会条件，并最终导致资本主义制度的覆灭。在当下，这种新的社会条件即是机械复制技术的诞生。它正在悄然改变着社会文化尤其是艺术的功能，在这其中正蓄积着祛除对大众和无产阶级的感性意识遮蔽的实践力量。正是基于这一点，本雅

① ［德］瓦尔特·本雅明：《〈拱廊计划〉之N：知识论、进步论》，汪民安：《生产》第1辑，第322页。

② ［德］瓦尔特·本雅明：《〈拱廊计划〉之N：知识论、进步论》，汪民安：《生产》第1辑，第330页。

明会“以一种更加乐观的精神呼唤资本主义制度变革的潜能”[①]。

本雅明首先从分析机械复制技术的出现带来的艺术领域的巨大变化入手探讨这一问题。

艺术作品历来都是可以复制的。历史上，曾经出现过铸造、制模、木刻、镌刻、蚀刻、石印术等传统的复制艺术。19 世纪伊始，机械复制技术掀开了复制艺术的崭新的一页，石版印刷术、摄影术和声音复制技术相继产生。与传统复制技术相比较，机械复制技术比手工复制更独立于原作，能把原作的摹本带到其无法达到的境界。它不仅能复制出所有传世的艺术作品，而且复制技术本身也以面目一新的艺术形式出现，达到了一个崭新的水准。机械复制时代的来临，最终导致了传统艺术的大崩溃，其中一个最为重要的表现是艺术作品的灵晕的丧失，“在对艺术作品的机械复制时代凋谢的东西就是艺术品的光韵”[②]。

“灵晕”(Aura)这个词出自希腊语，指的是气、气氛，有时也被翻译成“灵韵”“灵氛”“光韵”等。在希腊神话中，它被称为“晨曦之神”，在拉丁语里则是光焰。19 世纪中期，随着摄影技术的出现，灵晕开始指称底片影像边缘出现的光亮。本雅明在 1930 年创作的一篇关于毒品消费的文章里使

---

① [英]约翰·斯道雷：《文化理论与大众文化导论》，常江译，北京大学出版社 2010 年版，第 85 页。

② [德]瓦尔特·本雅明：《机械复制时代的艺术作品》，王才勇译，中国城市出版社 2002 年版，第 87 页。

用了这一概念，后来在《摄影小史》《机械复制时代的艺术作品》《论波德莱尔的几个主题》《中央公园》中都有所提及。本雅明使用“灵晕”一词驱散了它的神秘的宗教气息，并赋予其两个层面的内涵：一是独一无二性；二是人与世界的相互交融。[①]

就独一无二性而言，本雅明说：“即使在最完美的艺术作品中也会缺少一种成分——即时即地性，即它在问世地点的独一无二性。但唯有借助这种独一无二性才构成了历史。”[②]这段话的意思是，某个特定历史时期不可重复的、不可被复制的独一无二的东西构成了那个时代的“灵晕”，亦即艺术作品的历史性。[③] 本雅明还进一步佐以事例说明这种独一无二性是与其所置身的传统相关联的。例如古维纳斯雕像，它在古希腊是被崇拜的对象，而中世纪的牧师却把它视作淫乱的邪神像。“但这两种都以同样的方式触及了这尊雕像的独一无二性，即它的光韵”[④]。

就人与世界的相互交融来说，本雅明首先指出：“我们将自然对象的光韵界定为在一定距离之外但感觉上如此贴近之物的独一无二的显现。”[⑤]接着，他用了一个比喻进一步

① 参见王才勇：《灵韵，人群与现代性批判——本雅明的现代性经验》，《社会科学》2012 年第 8 期。

② ［德］瓦尔特・本雅明：《机械复制时代的艺术作品》，第 84 页。

③ 参见吕新雨：《在纪录美学中寻找本雅明的“灵晕”——吕新雨在浙江大学的讲演》，2015 年 5 月 8 日《文汇报》。

④ ［德］瓦尔特・本雅明：《机械复制时代的艺术作品》，第 92 页。

⑤ ［德］瓦尔特・本雅明：《机械复制时代的艺术作品》，第 90 页。

加以说明:“一个夏日午后,一边休憩着,一边凝视地平线上的一座连绵不断的山脉或这一在休憩者身上投下绿荫的树枝,那就是这座山脉或这根树枝的光韵在散发。”[①]夏日正午,观察者目光掠过山川或者树丛,呼吸着远山和林木的氛围,自己也成为景象的一部分,这个时候就是自我和这个世界相互交融的时刻,也就是灵晕降临的时刻。

将以上两个方面综合起来看,本雅明的“灵晕”亦即艺术作品的特有属性,它是人与物之间发生的某种交流,具有独一无二的不可复得的原真性,转瞬即逝,具有膜拜的特质。

机械复制时代的来临又是怎样导致了灵晕的消失呢?首先是机械复制这一新技术本身的原因。本雅明指出:“原作的即时即地性组成了它的原真性……完全的原真性是技术——当然不仅仅是技术——复制所达不到的。”[②]也就是说,即便是最完美的复制品也总是缺少原作在即时即地所形成的原真性。原作的原真性在遇到那些作为赝品的手工复制品时能获得它的全部的权威性,但是当遇到机械复制品时情形就有所不同了。原因在于:首先,机械复制比手工复制更独立于原作。例如,机械复制可以突出那些肉眼看不见但镜头可以捕捉的原作部分。其次,机械技术复制能把原作的摹本带到原作无法达到的境界。例如,它能使原作随时随地为人所欣赏,“使复制品能为接受者在其自身的

① [德]瓦尔特·本雅明:《机械复制时代的艺术作品》,第90页。

② [德]瓦尔特·本雅明:《机械复制时代的艺术作品》,第85页。

环境中去加以欣赏,因而它就赋予了所复制的对象以现实的活力"[①]。这样,艺术作品原真性的权威性在机械技术复制面前就丧失殆尽了。因此,当机械复制时代来临,艺术作品的众多复制品取代了它自身独一无二的存在,灵晕也就消失无踪了。

另外,当大量的机械复制品的出现迎合了现代大众的新口味的时候,灵晕也随之消失。大众运动的兴起与科学技术共同导致了机械复制时代的来临。使物在空间上和人性上更易"接近"是现代大众普遍表现出来的强烈愿望,大众"把一件东西从它的外壳中撬出来,摧毁它的光韵,是这种感知的标志所在。'它那世间万物皆平等的意识'增强到了这般地步,以致它甚至用复制方法从独一无二的物体中去提取这种感觉"[②],正是通过对复制品的占有,大众完成了对对象的接近和占有。在摄影和电影中,本来人与自然景致交融在一起,但是为了让画面更贴近大众,人们用摄影镜头将画面拉至眼前,将自然景致和人分至两端,彼此间的交流也就无从发生,这时影像被从灵晕中撬出,取消了其独特性,这就是人们运用机械复制技术强行征服世界的体现。当我们不断用镜头去复制这一征服时,影像就变得转瞬即逝和可以重复,"灵晕"也就支离破碎了。正如本雅明所说,"显然,用画报和新闻影片展现的复制品就与肉眼所亲眼目

---

① [德]瓦尔特·本雅明:《机械复制时代的艺术作品》,第 87 页。

② [德]瓦尔特·本雅明:《机械复制时代的艺术作品》,第 91 页。

睹的形象不尽相同,在这种现象中独一无二性与永久性紧密交叉,正如暂时性和可重复性在那些复制品紧密交叉一样"[①]。

本雅明不仅分析了机械复制技术如何摧毁了灵晕,而且还进一步指出由此所引发的艺术领域的一系列变化。例如:艺术作品不再具有膜拜价值,而以展示价值为主;大众的观赏不再专注,而具有了消遣性等等。这些变化反映了机械复制技术正在悄然改变着艺术与大众的关系。

本雅明首先从艺术作品的价值的变迁开始分析这一问题。最早的艺术作品起源于某种礼仪,起初是巫术礼仪,后来是宗教礼仪。具有灵晕的艺术作品从未完全与这种仪式功能相分离,它的独一无二的价值植根于神学,正是在礼仪中艺术作品获得了原始的、最初的使用价值。所以传统艺术侧重于艺术作品的膜拜价值,围绕这种价值而创造的艺术作品重要的不是它被观照,而是它存在着。例如,石器时代的洞穴人在墙上画驯鹿不是为了在同伴们面前展示,而仅仅是为了奉献给神灵,驯鹿只是作为一种巫术工具存在着。正是这种膜拜价值要求人们将艺术作品隐匿起来,所以只有在庙宇中的神职人员才有机会见到这些神像。礼仪功能在使艺术关注人的精神生活的同时,也拉开了艺术和大众的距离。一件艺术作品在物理时空上或许近在咫尺,却让人们对它敬而远之,艺术所追求的精神境界也越来越

---

① [德]瓦尔特·本雅明:《机械复制时代的艺术作品》,第 90～91 页。

疏远了人们的日常生活,致使艺术的想象为幻觉所替代,理想也由此失去了对世俗人生的关怀而成为源自膜拜的"乌托邦"。

当艺术作品从膜拜的功用中被解放了出来,便大规模地强化了艺术品的展示价值。例如:能够送来送去的半身像就比固定在庙宇中的神像具有更大的可展示性。木版画要比此前出现的马赛克画和湿壁画更其可展示性。"艺术品通过对其展示性的绝对推重变成了一种具有全新功能的创造物。"①摄影、电影等全新的艺术形式就是明证。在摄影中,展示价值抑制了膜拜价值,但膜拜价值拉出了最后一道防线——人像。早期摄影以人像为中心决非偶然,因为影像的膜拜价值在此找到了最后的避难所。然而,当人像在摄影中消失时,展示价值便首次超越了膜拜价值,这使得艺术作品成为大众可以直接观赏的现实对象,艺术表现本身不再远离大众的日常生活。所以,机械复制技术使艺术与大众的世俗生活发生了直接和密切的联系,现实的日常生活经验成为大众感知艺术作品、判断艺术价值的基础。

本雅明又进一步从大众对艺术作品的两种接受方式的特点加以分析。对膜拜价值侧重的是凝神专注式的接受,对展示价值则是消遣性的接受,机械复制时代开启了对艺术品的凝神专注式接受到消遣性接受的转变。人们以心神涣散这一消遣的方式参与各种艺术或文化活动,将艺术作

① [德]瓦尔特·本雅明:《机械复制时代的艺术作品》,第96页。

品作为打发时间的消遣对象。作为两种对立的态度，凝神专注和消遣的特点分别是："面对艺术作品而凝神专注的人沉入了该作品中……与此相反，进行消遣的大众则超然于艺术作品而沉浸在自我中。"[①]本雅明以大众观赏电影为例说明这种消遣式的接受方式已经成为一股不可逆转的历史潮流。在他看来，观众以鉴赏者的态度欣赏电影，是并不产生膜拜价值的态度，"由此观众就采取了不再受与演员私人接触影响的鉴赏者的态度。观众通过站在摄影机的角度便把自己投入到了演员中。因此，他又采取了摄影机的态度：他对演员进行着检测。这就不是一种能产生膜拜价值的态度"[②]。不仅如此，电影抑制了膜拜价值更是由于这种鉴赏态度在电影中并不包括凝神专注。正是消遣性的接受方式使观众"在行为中进行观照和体验的快感与行家们的鉴赏态度有了直接的密切关系，它是一个重要的社会标志"[③]。当"艺术的社会意义减少得越多，观众的批评与欣赏态度也就被化解得越多"[④]。换言之，机械复制技术强化了艺术的社会功能，那些坚持要和世俗生活保持审美距离的"纯"艺术，作为单纯的审美对象，显然不可能让观众产生相似的感受。

机械复制时代的来临，展示价值使电影成为能够共时

---

① [德]瓦尔特·本雅明：《机械复制时代的艺术作品》，第 126 页。

② [德]瓦尔特·本雅明：《机械复制时代的艺术作品》，第 102～103 页。

③ [德]瓦尔特·本雅明：《机械复制时代的艺术作品》，第 115 页。

④ [德]瓦尔特·本雅明：《机械复制时代的艺术作品》，第 115 页。

欣赏的艺术形式，而传统的艺术形式如绘画则无法做到这一点，一旦进入共时欣赏，绘画就陷入了危机。“一幅绘画往往具有被某一个人或一些人观赏的特殊要求；而一个庞大的观众群对绘画的共时欣赏，就像 19 世纪所出现的情形那样，却是绘画陷入危机的一个早期症状。”[①]绘画的危机不是孤立地由摄影所引起的，而是艺术与大众关系发生了转变。“习俗的东西就是被人不带批判性地欣赏的，而对于真正创新的东西，人们则往往带着反感去加以批判。在电影院里，观众欣赏和批判的态度都化解了。这就是说，其主要特点在于，没有何处比得上在电影院那样，个人的反应会从一开始就以眼前直接的密集化反应为条件。个人反应的总和就组成了观众的强烈反应……”[②]这种变化，在本雅明看来，就是由于“极其广泛的大众的参与就引起了参与方式的变化”[③]，对此，人们似乎已经形成了共识，消遣性接受方式也就成了许多研究者批评大众文化的根据：“大众寻求着消遣，而艺术却要求接受者凝神专注。”[④]本雅明驳斥了这种说法，认为这根本就是陈词滥调。他分析指出，从大众与艺术的关系上看，消遣并不意味着审美的消极性，就像凝神专注并不是唯一的审美方式一样。凝神专注意味着欣赏者从现实生活走进了艺术想象的世界之中。此刻，他与艺术“近”

---

① ［德］瓦尔特·本雅明：《机械复制时代的艺术作品》，第 116 页。
② ［德］瓦尔特·本雅明：《机械复制时代的艺术作品》，第 115 页。
③ ［德］瓦尔特·本雅明：《机械复制时代的艺术作品》，第 125 页。
④ ［德］瓦尔特·本雅明：《机械复制时代的艺术作品》，第 125 页。

了，却与现实"远"了。而消遣式的接受方式则意味着对思索的排斥，这种排斥主要因为"当他意欲进行这种思索时，银幕画面已经变掉了。电影银幕的画面很难被固定住"[①]。与此同时，"观照画面的人所要进行的联想活动立即被这些画面打乱了。基于此，就产生了电影的惊颤效果"[②]。

机械复制时代最大的变化是灵晕消失了，艺术走下了神坛，由膜拜转为展示，由凝神沉思转为消遣震惊。从审美追求的角度，灵晕的消失在本雅明看来是一种时代病症的体现，在这一点上，他和阿多诺显然有共同语言。但是本雅明并没有像阿多诺那样否定机械复制技术，而是肯定了其重要作用。他发现"艺术作品的可机械复制性在世界历史上第一次把艺术作品从它对礼仪的寄生中解放了出来"[③]。不仅如此，在肯定了复制艺术的存在的合理性的同时，还发现了它在艺术上的创新："对艺术品的机械复制较之于原来的作品还表现出一些创新。"[④]

既然本雅明认为机械复制技术导致了灵晕的消失，是一种时代的病症，那么这里仍需再着重说明一个问题，即本雅明究竟是在怎样的意义上肯定机械复制技术？在本雅明看来，最初摄影的出现带来了灵晕，可是在后来的摄影中灵晕却消失了，这种变化说明了关键问题不在于技术本身，而

① ［德］瓦尔特・本雅明：《机械复制时代的艺术作品》，第 124 页。
② ［德］瓦尔特・本雅明：《机械复制时代的艺术作品》，第 123～124 页。
③ ［德］瓦尔特・本雅明：《机械复制时代的艺术作品》，第 93 页。
④ ［德］瓦尔特・本雅明：《机械复制时代的艺术作品》，第 81 页。

是在技术的被运用方式上，即摄影师与这一技术之间的关系发生了变化。“灵晕”在第一批摄影师的照片里是存在的，这个“灵晕”不仅是技术的，而且还是从绘画到摄影转换的过程当中形成的，人物的时代性和机械、摄影师之间都配合得相当默契，这构成了早期摄影伟大的地方。可是后来，当摄影技术和艺术之间产生背离，光学的进步如同征服黑暗一般征服着光影的时候，“灵晕”就开始消失了，导致这一点的主要原因是摄影师后期在暗房里的修版工作，这时他们发挥的不再是镜头的捕捉功能。本雅明意在表明不是技术的发展使得“灵晕”消失了，相反，恰恰是技术使得“灵晕”在早期的摄影中获得体现，摄影在这个意义上毋宁说是一种救赎。[①] 照片从现实中汲取灵晕，就构成了那个时代独一无二的体现，事情发生转变的根源在于人们对技术的运用不当。技术的本质作用不是控制自然，而是控制人与自然的关系。可见，本雅明对技术是持肯定和赞同的态度的。正是基于这一点，他会认为机械复制技术在改变艺术原有的存在方式的同时也改变了大众与艺术的关系，大众文化因此是一种谁也无法阻挡的历史趋势也就不难理解了。本雅明重点在于提示人们恰恰可以在这种新的历史趋势中抓住能为我们所用的东西，只要我们注意对待和处理它们的方式。

① 参见吕新雨：《在纪录美学中寻找本雅明的“灵晕”——吕新雨在浙江大学的讲演》，2015 年 5 月 8 日《文汇报》。

依循着这一思路，本雅明将机械复制技术中形成的集体的艺术经验视作一种宝贵的资源。在他看来，在这其中孕育着救赎的力量，它可以唤醒和发动大众的革命的感性意识。

20 世纪 20 年代法西斯主义开始在欧洲盛行，它正是充分利用了机械复制时代艺术史无前例地剥离了传统的美学品质的这一新发展方向将其变成了政治的工具，将目标对准了广播、摄影和电影等新的艺术媒介，制造了时代的危机。从此大众在神秘的权力崇拜面前丧失了批判精神，感性的革命意识被遮蔽了起来。本雅明分析了法西斯主义能够产生的原因："法西斯主义之所以有机可逞，原因之一是他的对手在进步的名义下把它看作一种历史的常态。"①正是这种将历史发展视为一种必然进程的历史进步论钳制了大众和无产阶级的革命精神，为法西斯的暴力行径提供了合法化的依据，使法西斯主义大行其道。为了对抗法西斯的暴行，本雅明不得不政治性地研究这些艺术媒介的作用，或者说，进一步考量它们的现实价值。然而更为根本的原因在于，本雅明看到了机械复制技术缩短了艺术与大众的距离，正是在现代生产方式决定的艺术与大众的关系的这种改变中孕育着救赎的力量，能够最终实现救赎人类的目标。

在本雅明看来，灵晕在当代社会的衰微、艺术的嬗变看

---

① [美]汉娜·阿伦特编：《启迪：本雅明文选》，第 269 页。

上去似乎只是由机械复制技术的出现而导致的,其实归根结底,根源在于社会生活的变迁。所有的艺术作品,无论如何典雅与崇高,都同时是社会事件。本雅明不断地提醒人们,艺术领域所发生的新变化不只是艺术领域本身的事情,它映射出的是现实危机,故而要致力于发掘大众集体意识的解放的可能性,他提出的“艺术的政治化”即是探讨大众的集体的感性意识形成的新形式。

本雅明曾对“艺术的政治化”心存疑虑,与他在苏联的经历不无关联。1926 年年底,本雅明曾去苏联采访,他虽然看到了社会主义的欣欣向荣,但也真切地感受到了人们的巨大的政治压力。因此,虽然他着力去探索唤醒无产阶级的革命意识的形式,但是更多的是向社会边缘人身上即大众中去寻求社会解放的集体精神的新形式,这应该是本雅明着眼于建构可以联系大众、被更多的人而不只是少数精英的理论的需要。当本雅明谈论艺术媒介具有发动大众的作用时,事实上,他已经暗示了大众能够以一种批判意识来积极回应这种新的技术。

本雅明在批判资本主义现代性状况的同时,又对新形式的艺术的救赎作用持一种积极的肯定态度,这便使他与法兰克福学派的阿多诺等其他成员将精英文化与大众文化相对立的态度有所不同。在阿多诺眼里,本雅明错误地高估了机械复制技术时代艺术所产生的进步后果:一方面,本雅明所认为的唤起电影观众的阶级意识的可能性、电影媒介的革命性质会为经验的条件所抵消；另一方面，本雅明表现出的是对大众具有革命意识的盲目的乐观。然而，阿多诺并没有意识到，对于本雅明这位“救赎的哲学家”来说，无论救赎的希望何等微弱，它们终归展示了通向“拯救”的路径。

历史唯物主义为本雅明的弥赛亚救赎的世俗化进程提供了现实的行动路径。同时，在新的时代状况下，本雅明对历史唯物主义的当代发展也做出了不容忽视的重要贡献，正如有的学者所评价的那样，“本雅明对资本主义商品世界的救赎阐释使他的乌托邦建构具有一种马克思主义的博大，反过来他的建构也更进一步证明了马克思的历史唯物主义是不可超越的视域……不可否认的是，本雅明版本的马克思主义从不同的角度更加深化了人们对马克思主义的内在精神的理解，而不是将之作为教条来接受”[①]。

---

① 郭军：《本雅明：卡巴拉传统中的阐释学》，瓦尔特·本雅明：《〈拱廊计划〉之N：知识论、进步论》，汪民安：《生产》第1辑，第395页。

附　录

附录一　国外马克思主义文化理论研究综述[①]

20 世纪 20 年代，鉴于西方社会现实对于马克思主义理论的巨大冲击，卢卡奇等人试图重新解释马克思主义的理论原则，以求清除实证主义方法论所导致的将马克思主义误读为一种自然主义与经济决定论的倾向。因为他们清醒地意识到，西方国家的社会主义革命如若无法冲破物化意识的束缚，将无法达到主体性的自觉，因而开启从文化研究的视角去发展马克思主义的路径，将理论聚焦在对资本主义各种异化的文化意识的批判上，力求拯救出革命的感性

---

① 本附录曾作为《国外马克思主义文化理论研究概览——以历史唯物主义为核心的考察》一文的部分内容，发表于《理论视野》2016 年第 11 期。

意识便成为他们努力的方向。因此，从一定意义上说，文化主题就是国外马克思主义理论的题中之义。

一、研究的重要性

历史唯物主义是马克思的核心思想，它扬弃了西方哲学的形而上学传统，成为人类思想史上一个里程碑式的成果。它在对资本主义的深刻分析中产生了一系列的基本原则与方法，从而构成了一个崭新的视域——存在论视域。在这一视域中，生产与感性意识双方面的同一性构建了劳动的内涵，马克思称之为“感性活动”。这种活动之所以是感性的，根本在于活动本身，它不在人的纯粹的脱离自然的意识中创造出对象，而是在自然界的对象身上呈现出对象性的本质力量，劳动是在对象身上实现其自身生命力量的对象性活动，文化就是这种活动的产物。因此，我们可以肯定的是，文化本质性地存在于劳动当中，它由人类创造，与此同时也在印证并且制约着现实世界，是与社会存在不可分割地交织在一起的一股强大的现实力量，绝非那种从经济决定论意义上解读历史唯物主义，从而得出文化无非是经济活动所决定与派生的“副现象”的结论。

自 20 世纪以来，人类深陷文化焦虑的泥沼之中，国外马克思主义的文化转向适切了时代的这一主题，从以卢卡奇、葛兰西和柯尔施为代表的早期西方马克思主义者对第一次世界大战后欧洲无产阶级革命失败教训的总结中提出了总体性文化革命观、无产阶级争取文化领导权的斗争，到法兰克福学派对第二次世界大战之后发达工业社会普遍的异化结构和现代人文化困境的剖析中所开展的“实证主义批判”“启蒙理性批判”“工具理性批判”“大众文化批判”等针对现代社会全方位的文化批判，无一不在延续马克思尚未完全开展出来的文化理论的精神，质言之，他们是从资本主义的生产过程的辩证法中挽救革命的感性意识，而不是脱离资本主义的现实。然而，在这之后，无论是以规范结构取代生产方式的哈贝马斯，还是从商品转向符号力图“超越马克思”的鲍德里亚，无论是深入日常生活世界发掘工人阶级文化与大众文化价值的伯明翰学派，还是选择性别、权力、语言、欲望、身体、种族以及生态等作为理论主题的后马克思主义者，都力图跳脱生产实践的资本逻辑，以重建资本主义文化批判理论，但最终都因脱离了马克思的历史唯物主义文化阐释视域的原初路向，从而丧失了对资本主义现实的批判力量。不过，这正反衬了马克思的历史唯物主义文化阐释视域的当代生命力。

因此，尽管国外马克思主义文化理论存在着理论的差异与分殊，在发展马克思的历史唯物主义所确立的文化理论方面也贡献不一，但对其进行深入的探讨却具有重大的理论价值与现实意义。具体来说，关于国外马克思主义的性质和基本评价等问题的争论，都与其文化理论有直接的关联，因此，深刻地理解和把握其文化理论的精神已经成为全面理解和评价国外马克思主义的关键，并有助于我们从文化视角对国外马克思主义做出深刻、全面、恰当的把握。国外马克思主义文化理论的重要见解和研究成果，有助于我们理解20世纪西方发达工业社会的深层文化危机，并为我们理解当下中国在现代性状况之下所面临的种种文化现象、为我们探索我国马克思主义文化理论发展的路径，提供有益的借鉴。

二、研究现状

近年来，学界对国外马克思主义文化理论的研究呈现出不断拓展和深入探索的态势。就目前的研究现状来看，已有的研究主要从以下几个方面展开：

(一)分别选取某一角度展开对国外马克思主义文化理论的系统性研究。

一些学者细致研究了西方马克思主义文化转向的立场。其中有代表性的有：郑一明在其著作《西方马克思主义的文化哲学思想研究》中，着重地梳理了卢卡奇的《历史和阶级意识》、法兰克福学派研究、哈贝马斯的交往行动理论、福科的后结构主义的哲学思想。[①] 欧阳谦在《人的主体性和人的解放：西方马克思主义的文化哲学初探》中指出，文化问题是西方马克思主义创新马克思主义理论与实践的突破口，文化最能体现总体性结构和总体性过程的概念，西方马

---

① 参见郑一明：《西方马克思主义的文化哲学思想研究》，重庆出版社1998年版。

克思主义的"文化转向"既面向当代社会的现实变革,同时也试图填补和完善马克思主义的文化理论。[①] 陈胜云在《文化哲学的当代发展》中总结了国外马克思主义文化理论的两个转向,即从早期西方马克思主义的阶级意识到法兰克福学派的文化批判,再到伯明翰学派的文化微观政治学研究。[②]

从宏观视野研究西方马克思主义文化理论的代表性论文也不少。譬如:王雨辰在《西方马克思主义的学术传统与问题逻辑》一文中分析了西方马克思主义文化转向的特点、理论根源、社会历史根源和文化根源。他指出:西方马克思主义理论家对资产阶级意识形态和文化价值观的批判主要内容是对资产阶级意识形态的特点、本质和内在矛盾的分析;对当代资本主义社会中科学技术、大众文化、消费主义文化所承载的意识形态功能的揭示和批判。[③] 郁建兴的《马克思主义文化理论与现时代》一文站在超越经济决定论的马克思主义文化理论的高度上,梳理了西方马克思主义文化理论的发展历程,阐明了西方马克思主义思想家在反叛经济决定论传统阐释中所做出的贡献。[④]

---

① 欧阳谦:《人的主体性和人的解放:西方马克思主义的文化哲学初探》,山东文艺出版社 1996 年版。

② 陈胜云:《文化哲学的当代发展》,江西人民出版社 2007 年版。

③ 王雨辰:《西方马克思主义的学术传统与问题逻辑》,《中国社会科学》2010 年第 5 期。

④ 郁建兴:《马克思主义文化理论与现时代》,《中国社会科学》2001 年第 6 期。

具有代表性的国外学者研究的成果有:英国著名的文化理论家和马克思主义思想家雷蒙·威廉斯在其成名作《文化与社会》中,以工业、民主、阶级、艺术、文化五个关键词为主题,选取了18世纪下半叶至20世纪中叶活跃于英国思想界、文学界的40位著名作家和思想家,通过分析他们对工业革命以及文化问题的不同论述,梳理了文化观念的变迁以及由此带来的社会政治和经济结构的变革,勾勒出影响21世纪文化思潮的重要传统,得出文化是一种整体,是物质、知识和精神构成的整个生活方式的"文化唯物主义"的论断。[①] 英国学者佩里·安德森在其专著《西方马克思主义探讨》中断言,西方马克思主义的本质特征之一是它的理论中心由经济学和政治学转向哲学,而这一哲学转折使这些马克思主义流派与政治实践相脱离,与工人阶级的距离愈来愈远。[②] 美国学者道格拉斯·凯尔纳在《文化马克思主义和文化研究》一文中,从文化马克思主义的崛起、英国文化研究、文化研究的后现代转向、文化研究走向全球化等四个方面阐述了文化马克思主义的传统,提出英国伯明翰学派文化研究实际上源起于20世纪二三十年代兴起的西方马克思主义特别是法兰克福学派的文化马克思主义传统,并一直伴随着这一传统的发展而得以推展,进而在当代呈现出

---

① [英]雷蒙·威廉斯:《文化与社会》,高晓玲译,吉林出版集团有限责任公司2011年版。

② [英]佩里·安德森:《西方马克思主义探讨》,高铦等译,人民出版社1981年版。

全球化和后现代主义转向。[①]

(二)对国外马克思主义文化理论的个案研究。

这一研究已经成为国外马克思主义文化理论研究的重要方面。学者们通过从不同侧面、视角与层次对国外马克思主义重要代表人物和重要流派的文化理论展开跟踪研究,开始从文化的深层状态去挖掘其理论实质和实践意义。

1.研究以卢卡奇、葛兰西、柯尔施为代表的早期西方马克思主义者的文化理论。

在这一领域,代表性著作是赵司空的《中介与日常生活批判:卢卡奇文化哲学研究》。该著指出,日常生活批判构成卢卡奇文化哲学的基础,中介使日常生活批判成为可能。卢卡奇的日常生活批判从三个层面展开,即意识革命、日常思维和本体论,中介贯穿于这三个层面。在意识革命层面,中介是指无产阶级的自我意识,它确立起一种批判性的思维方式;在日常思维层面,中介是指科学和艺术,它们分别从认识和生存两个层面确立起一种文化哲学思维;在本体论层面,中介是指一系列现实的活动,包括劳动、语言、经济、评价等,它们通过现实的改造活动为人类构造出一种新的合类性的生存方式。[②]

在这一方面,代表性的论文是王凤才的《文化霸权与意

① [美]道格拉斯·凯尔纳:《文化马克思主义和现代文化研究》,张秀琴、王葳蕤译,《学术研究》2011年第11期。

② 赵司空:《中介与日常生活批判:卢卡奇文化哲学研究》,上海社会科学院出版社2010年版。

识形态国家机器——葛兰西与阿尔都塞意识形态理论辨析》。该文指出，建立在市民社会理论基础上的文化霸权理论，是葛兰西对西方马克思主义意识形态理论的独特贡献。①

2. 对以霍克海默、阿多诺、马尔库塞、弗洛姆、哈贝马斯等人为核心的法兰克福学派的文化理论进行解析和思想重构。

在这一方面，代表性著作是赵勇的《整合与颠覆：大众文化的辩证法》。赵著通过对法兰克福学派第一代批判理论家阿多诺、本雅明、洛文塔尔、马尔库塞等人的个案分析，探讨了法兰克福学派的大众文化理论存在着整合与颠覆和否定性话语与肯定性话语两种模式。前者经洛文塔尔、马尔库塞的补充论证、甚至通过本雅明的反证而成为法兰克福学派大众文化批判理论的主流；后者同样经洛文塔尔、马尔库塞的书写润色而成为法兰克福学派大众文化理论的宝贵资源。与此相对应，法兰克福学派大众文化理论也就形成了否定性与肯定性两套话语，两套话语都具有重大的理论价值，也都有其理论盲点，因此，二者扬弃其片面性进而沟通对话很有必要。②

主要代表性论文是王德峰的《论法兰克福学派的现代

① 王凤才：《文化霸权与意识形态国家机器——葛兰西与阿尔都塞意识形态理论辨析》，《马克思主义与现实》2007 年第 3 期。

② 赵勇：《整合与颠覆：大众文化的辩证法》，北京大学出版社 2005 年版。

性批判的马克思主义方向》。该文从历史唯物主义的存在论视域断言,法兰克福的“文化意识批判”是对马克思的“政治经济学批判”的必要补充。[①]

3.研究英国伯明翰学派以及以吉登斯、拉克劳、墨菲、德里达等为代表的后马克思主义思想家的文化理论。

主要代表著作是英国学者鲍曼的《后马克思主义与文化研究》。鲍曼结合了德里达的解构主义、后马克思主义和文化研究,探讨了两种学术话语之间存在的紧张的冲突性联系。[②]

主要代表性论文有胡大平的《马克思主义能否通过文化理论走向日常生活——试析20世纪70年代之后国外马克思主义的“文化转向”》。该文指出,20世纪70年代以来西方马克思主义思潮明显存在的“文化转向”改变了由卢卡奇奠基的西方马克思主义传统,这一转向在实质上改写了马克思主义理论的基本属性,把它从反资本主义的政治纲领转化成一般的反权力文化实践,从生产方式变革理论转化为生活方式选择理论,从历史理论转化为文本(话语)理论。[③]

---

① 王德峰:《论法兰克福学派的现代性批判的马克思主义方向》,《求是学刊》2004年第4期。

② [英]保罗·鲍曼:《后马克思主义与文化研究》,黄晓武译,江苏人民出版社2011年版。

③ 胡大平:《马克思主义能否通过文化理论走向日常生活——试析20世纪70年代之后国外马克思主义的“文化转向”》,《南京大学学报(哲学·人文科学·社会科学)》2006年第5期。

三、需要进一步深化的问题

检视国内外研究者的相关成果和观点，其中不乏真知灼见，但是还有一些重要问题的研究不甚明朗，有些甚至有点含混不清，有待进一步探讨并厘清。

（一）考察国外马克思主义的诸多思想及种种形态发现，马克思位居他们学术阐发的中心。回到历史唯物主义是研究国外马克思主义的关键路径，否则国外马克思主义研究就难以被拓深。① 深入探讨国外马克思主义文化理论同样不能脱离历史唯物主义开启的存在论视域。与此同时，如果不能将对国外马克思主义文化理论的解读提升为理解历史唯物主义的哲学介质，国外马克思主义文化理论研究的意义将无法完全彰显出来。

首先，学界普遍认为，尽管在国外马克思主义阵营中，不同思潮、学派对于文化、意识、意识形态的研究存在较大的差别，但反对把文化、意识形态与社会存在总体分离开来是他们的共同特征。但是，也有不少受到佩里·安德森影响的研究者对国外马克思主义文化理论持否定性的评价。佩里·安德森认为，马克思主义的本质特征之一是它的理论中心由经济学和政治学转向哲学文化，这一转折使这些马克思主义流派与政治实践相脱离。研究者们以安德森的

① 李佃来：《国外马克思主义研究的“向前做”与“向回做”》，《社会科学辑刊》2010 年第 4 期。

这一论断为依据，说明西方马克思主义因文化转向丧失了马克思主义的实践性和阶级性，成为非马克思主义的哲学思潮。究竟如何评析两种不同的观点，在笔者看来，根本之处在于应首先再度明确对文化的定位，这仍需回到马克思的历史唯物主义的视域，在考察基础性论断之后再做进一步的断言。

其次，国外马克思主义在不同时期的话语路径实际上是大不相同的，如若看不到国外马克思主义文化理论内在的差异与分殊，那么就无法判断他们之于整个马克思主义文化理论的意义及关系。而在现实研究当中，仍然存在将国外马克思主义文化理论作为一个完全同质的思想结构进行描述的现象，因此，究竟选择何种标准进行区别性研究成为亟待解决的问题。历史唯物主义是从经济生活的角度谈论生活世界的问题，并非缺失文化的维度。国外马克思主义思想家对马克思提出却未充分展开的内容的研究，不是对其理论缺陷的补充，而是是否沿着马克思所开创的道路行进的问题。因此，在笔者看来，区分国外马克思主义文化理论的这个标准，应当在于考量这一研究是沿着历史唯物主义的所开创的道路行进还是有所偏离。

（二）人们实际的生存条件决定了他们对于一种思想学说的理解程度。资本时代的形而上学本性是马克思的历史唯物主义学说一再被误读的根本原因，马克思主义经济决定论即是这种误读的产物之一，在这种解释传统的影响之下，文化只被视作是经济活动的附属品，这样就很难形成一个完整形态的马克思主义文化理论。当下我们所处的有助于消解对马克思的历史唯物主义学说误解的生存条件——现代性状况——正在展开自身，在这个极为有利的条件下，在我们的思想文化建设中努力挖掘并提炼出国外马克思主义文化理论对我国社会转型的指导意义、确立起一个马克思主义文化理论的完整形态并推动马克思主义文化理论的发展，是一个亟需研究的问题，而这在当下的研究中不甚明显，所以有必要得到进一步的拓展与深化。

附录二　本雅明大众文化理论的两个面相[①]

德国哲学家瓦尔特·本雅明从各种文化符号入手，发展了辩证意象的历史批判的方法，淋漓尽致地展现了资本主义现代性对人们生活的改变。尽管我们很难捕捉到本雅明的大众文化理论在逻辑上的清晰起点，因为他本人并未明确过“大众文化”的内涵，也没有集中用专门的篇章阐述过这一理论，但我们仍可以通过串起本雅明作品中的粒粒珠玑，去尝试领会其大众文化理论的要义。

在现代文学艺术的舞台上，最受本雅明推崇的两位大师是法国著名诗人夏尔·皮埃尔·波德莱尔和德国戏剧家

① 本附录使用了《本雅明大众文化理论的两个面相》一文的部分内容，该文发表于 2016 年 11 月 21 日《中国社会科学报》，收入本书时作了必要的修改。

与诗人贝尔托·布莱希特。本雅明的大众文化理论也因此留下了他们二人的深刻的烙印,呈现出了波德莱尔式和布莱希特式的两个面相。

一、波德莱尔式的本雅明:批判探寻时代危机的本源

波德莱尔式的面相代表了本雅明对现代性状况的分析与诊断。领会本雅明的全部思想的精髓,不能绕过了解和分析他对现代性状况及其所引致的人类生存危机考察的这一重要的环节。

波德莱尔对现代生活有着极为深刻的领会,他的洞见对本雅明产生了十分重要的影响。另外,波德莱尔笔下的现代社会边缘人的形象也激起了本雅明藏在心底的共鸣。精神上的漂泊和政治上的流亡使本雅明对波德莱尔揭示的现代文人的时代境遇表现出高度的认同。在波德莱尔独具特色的视域的呈现中,本雅明对自我也有了更为深入的认知。可以说,这两个方面是波德莱尔足以吸引本雅明关注的最重要的原因。追随着波德莱尔的踪迹,探访波德莱尔所描绘的19世纪的首都——巴黎,谈论着对波德莱尔作品的感受,本雅明展开了他的“拱廊街计划”,走进了现代性的史前史。

“拱廊街”是位于巴黎市中心的以玻璃顶棚为盖的商业步行街,它是19世纪至20世纪前期巴黎最引人注目的景观之一,是当时资本主义先进科学技术的产物。在本雅明看

来，拱廊街所彰显出的文化意蕴正是对资本主义现代性的最生动的表达。

“拱廊街”构筑了通往由五彩斑斓的商品所营造出的现代性梦幻迷宫的道路。在资本的世界之中，从本质上来看，商品称得上是一种极为特殊又最具代表性的辩证意象。人们不仅对其顶礼膜拜，还都沉醉在它所带来的宗教般的麻醉中难以自拔，这即是马克思所说的“商品拜物教”。因此，虽然商品看上去似乎简单又平常，然而它却以其自身的辩证性质揭示了整个资本世界的异化境况，道出了资本世界是被它自己的幻境主宰着的真理。

“人群”是出现在拱廊街上的又一道独特的风景，它同样是现代化大都市里极具标志性的辩证意象。资本主义社会虽然格外强调个体的私人领域，然而实际状况反倒是，愈是强调却愈发凸显了对私人领域的无情的吞噬。人们只有将自己隐藏在冷漠的人群之中才能获得充足的安全感。湮没于这一“迷宫”当中，可以享受着沉入梦幻渊底的快感，因此，人们都迷恋着这种置身其中的自由自在。就这一点而言，人们的处境其实与商品并无二致，因为他们的那种陶醉就像商品陶醉在周围潮水般涌动的顾客中一般。人群仿佛一层面纱，都市在它的掩映之下幻化成神秘的幻境。

一切看起来都十分美好，然而在本雅明看来，这种幻境昭示了资本主义社会本身即是“废墟”。他进一步通过“时尚”这一辩证意象揭穿了这一点。本雅明认为，时尚貌似新颖，本质上却意味着死亡。资本主义社会制造出时尚的真正动机其实是想要掩盖住商品本质上的同质化性质，而掩盖了商品这一缺陷的时尚又从根本上暴露出资本主义社会一派繁华景象背后的废墟本质。

当本雅明以这种视角打量着巴黎的时候，无疑已经站在了历史批判的高度之上。他探寻现代性的史前史的真正目的是要在批判中澄清时代的前提，亦即质询现时代危机的根源所在，从而揭穿幻境的真实本质，可以唤醒沉睡于其中的无产阶级和大众，而这就亟须寻找唤醒的力量，当他把目光投向大众文化时，他认为自己找到了这种力量。

二、布莱希特式的本雅明：大众文化孕育革命的救赎力量

布莱希特式的面相展现的是本雅明大众文化理论鲜明的实践取向。布莱希特思想的实践取向及其周身洋溢着的革命气息深深地影响了本雅明。面对现代性问题，他积极地寻找蕴藏在大众文化中的革命性力量。与布莱希特接近并成为携手共进的同志和战友，正契合了他唤醒沉醉在现代性幻境之中的无产阶级和大众并探索出一条拯救路径的初衷。

随着大众运动的兴起和科学技术的发展，资本主义社会迎来了机械复制时代，大众文化应运而生。本雅明发现，“拱廊街”的现代生活正闪现着大众文化的身影，因此，他以19世纪巴黎的“拱廊街”为切入点展开了对资本主义现代性

的文化批判。此时大众文化在本雅明这里尚处在隐匿于都市浮华生活背后的状态，当他开始表现出对科学技术的肯定态度时，就为大众文化的合法性提供了理论依据。本雅明坚持机械复制技术催生的大众文化是一种难以抗拒的历史潮流，而且在大众文化当中确实孕育着革命的救赎力量的观点。他笃信在历史的每一个时刻都有被救赎的希望，因此，当下所能做的即是在这种新的历史趋势中努力挖掘出可为我们所用的东西。

本雅明发现机械复制技术摧毁了艺术作品的灵晕，进而引发了艺术领域的一系列重大变化。例如，艺术作品以展示价值为主，不再具有膜拜价值；大众主要以凝神关注的方式接受膜拜价值，当面对展示价值时则是心神涣散。这些变化不仅反映了大众文化对艺术价值的重新定位，更为重要的是，说明了机械复制技术在缩短艺术与大众的距离的同时，也改变着艺术与大众的关系。

本雅明一方面不断地启示人们，艺术领域涌现出的新问题同时也表达着整个资本社会现实的危机状况。法西斯主义所宣扬的"政治的美学化"正是利用艺术的传统的美学品质的被剥离而将其变为政治统治的工具。另一方面，他更意识到艺术与大众关系的变迁中蕴藏着一个很好的契机。在大众文化中尚留存或者说更孕育着未被异化的感性意识，它不仅足以对抗当下的法西斯主义利用艺术制造新神话的行为，更为重要的是，这种集体意识会在"艺术的政治化”中得以体现并最终实现人类的救赎目标。在其《机械复制时代的艺术作品》一书的前言中，他就明确表达了自己的这一主张：

> 现行生产条件下艺术发展倾向的论题所具有的辩证法，在上层建筑中并不见得就不如在经济结构中那样引人注目。低估这些论题所具有的斗争价值，将是一种错误。这些论题漠视诸如创造力和天才、永恒价值和神秘性等一些传统概念——对这些概念的不加控制的运用（眼下要控制它们是很难的），就会导致用法西斯主义意识处理材料。我们在下面重新引入艺术理论中的这些概念与那些较常见的概念不同，它们在艺术理论中根本不能为法西斯主义服务；相反，它们对于表述艺术政策中革命性要求却是有用的。①

① ［德］瓦尔特·本雅明：《机械复制时代的艺术作品·前言》，王才勇译，中国城市出版社2002年版，第80～81页。

主要参考文献

一、中文著作

1.《马克思恩格斯选集》全 4 卷，人民出版社 2012 年版。

2.《马克思恩格斯全集》第 1 卷，人民出版社 1995 年版。

3.《马克思恩格斯全集》第 2 卷，人民出版社 1957 年版。

4.《马克思恩格斯全集》第 10 卷，人民出版社 1998 年版。

5.《马克思恩格斯全集》第 19 卷，人民出版社 1963 年版。

6.《马克思恩格斯文集》全 10 卷，人民出版社 2009 年版。

7. 马克思：《1844 年经济学哲学手稿》，人民出版社 2000 年版。

8. 马克思：《博士论文——德谟克里特的自然哲学与伊壁鸠鲁的自然哲学的差异》，贺麟译，人民出版社 1975 年版。

9. [德]哈贝马斯：《交往与社会进化》，张博树译，重庆出版社 1989 年版。

10. [德]哈贝马斯:《交往行为理论》第 1 卷,曹卫东译,上海人民出版社 2004 年版。

11. [德]哈贝马斯:《认识与兴趣》,郭官义等译,学林出版社 1999 年版。

12. [德]哈贝马斯:《作为"意识形态"的技术与科学》,李黎等译,学林出版社 1999 年版。

13. [德]哈贝马斯:《重建历史唯物主义》,郭官义译,社会科学文献出版社 2000 年版。

14. [德]哈贝马斯:《合法化危机》,刘北成等译,上海人民出版社 2000 年版。

15. [德]哈贝马斯:《理论与实践》,郭官义等译,社会科学文献出版社 2004 年版。

16. [德]哈贝马斯:《公共领域的结构转型》,曹卫东等译,学林出版社 1999 年版。

17. [德]哈贝马斯:《后民族结构》,曹卫东译,上海人民出版社 2002 年版。

18. [德]哈贝马斯:《后形而上学思想》,曹卫东译,译林出版社 2001 年版。

19. [德]哈贝马斯:《现代性的哲学话语》,曹卫东译,译林出版社 2004 年版。

20. [德]哈贝马斯:《现代性的地平线——哈贝马斯访谈录》,李安东等译,上海人民出版社 1997 年版。

21.[德]哈贝马斯:《包容他者》,曹卫东译,学林出版社2002年版。

22.[德]哈贝马斯:《文化现代性精粹读本》,周宪译,中国人民大学出版社2006年版。

23.[德]哈贝马斯:《哈贝马斯精粹》,曹卫东选译,南京大学出版社2004年版。

24.[德]哈贝马斯、哈勒:《作为未来的过去——与著名哲学家哈贝马斯对话》,章国锋译,浙江人民出版社2001年版。

25.[德]哈贝马斯:《论社会科学的逻辑》,杜奉贤等译,结构群文化事业有限公司1991年版。

26.[德]瓦尔特·本雅明:《巴黎,19世界的首都》,刘北成译,商务印书馆2013年版。

27.[德]瓦尔特·本雅明:《历史哲学论纲》,刘北成译,商务印书馆2013年版。

28.[德]瓦尔特·本雅明:《德国悲剧的起源》,陈永国译,文化艺术出版社2001年版。

29.[德]瓦尔特·本雅明:《单行道》,王涌译,译林出版社2012年版。

30.[德]瓦尔特·本雅明:《机械复制时代的艺术作品》,王才勇译,中国城市出版社2002年版。

31.[德]瓦尔特·本雅明:《发达资本主义时代抒情诗人》,张旭东等译,三联书店2007年版。

32. [德]瓦尔特・本雅明:《莫斯科日记柏林纪事》,潘小松译,商务印书馆 2012 年版。

33. [德]瓦尔特・本雅明:《柏林童年》,王涌译,南京大学出版社 2010 年版。

34. [德]瓦尔特・本雅明:《本雅明文选》,陈永国等译,中国社会科学出版社 1999 年版。

35. [德]瓦尔特・本雅明:《迎向灵光消逝的年代》,许绮玲等译,广西师范大学出版社 2004 年版。

36. [德]瓦尔特・本雅明:《开箱整理我的藏书——本雅明读书随笔》,国荣等译,金城出版社 2014 年版。

37. [德]康德:《历史理性批判文集》,何兆武译,商务印书馆 1991 年版。

38. [德]康德:《实践理性批判》,邓晓芒译,人民出版社 2003 年版。

39. [德]康德:《纯粹理性批判》,邓晓芒译,人民出版社 2004 年版。

40. [德]黑格尔:《精神现象学》(上、下),贺麟等译,商务印书馆 1979 年版。

41. [德]黑格尔:《历史哲学》,王造时译,上海书店出版社 1999 年版。

42. [德]黑格尔:《哲学史讲演录》(一、二、三、四卷),贺麟等译,商务印书馆 1959、1960、1959、1978 年版。

43. [匈]格奥尔格・卢卡奇:《关于社会存在的本体论》

(上、下),白锡堃等译,重庆出版社 1993 年版。

44. [匈]格奥尔格·卢卡奇:《历史与阶级意识》,杜章智等译,商务印书馆 1992 年版。

45. [匈]格奥尔格·卢卡奇:《社会存在的本体论导论》,沈耕等译,华夏出版社 1989 年版。

46. [德]马克斯·韦伯:《经济与社会》(上、下),林荣远译,商务印书馆 1997 年版。

47. [德]马克斯·韦伯:《新教伦理与资本主义精神》,康乐等译,广西师范大学出版社 2007 年版。

48. [德]马克斯·霍克海默、西奥多·阿道尔诺:《启蒙辩证法》,渠敬东等译,上海人民出版社 2003 年版。

49. [美]赫伯特·马尔库塞:《单向度的人——发达工业社会意识形态研究》,刘继译,上海译文出版社 2014 年版。

50. [德]阿克塞尔·霍耐特:《为承认而斗争》,胡继华译,上海人民出版社 2005 年版。

51. [德]埃德蒙德·胡塞尔:《哲学作为严格的科学》,倪梁康译,商务印书馆 1999 年版。

52. [德]埃德蒙德·胡塞尔:《欧洲科学危机和超验现象学》,倪梁康译,上海译文出版社 1988 年版。

53. [德]马丁·海德格尔:《存在与时间》,陈嘉映等译,三联书店 1987 年版。

54. [德]马丁·海德格尔:《海德格尔选集》(上、下),孙周兴译,三联书店 1996 年版。

55.[英]罗宾·乔治·柯林伍德:《历史的观念》,何兆武等译,商务印书馆 1997 年版。

56.[英]威廉·沃尔什:《历史哲学导论》,何兆武译,广西师范大学出版社 2001 年版。

57.[德]卡尔·洛维特:《从黑格尔到尼采——19 世纪思维中的革命性决裂》,李秋零译,三联书店 2014 年版。

58.[德]卡尔·洛维特:《世界历史与救赎历史:历史哲学的神学前提》,李秋零等译,人民出版社 2006 年版。

59.[加]弗莱切:《记忆的承诺:马克思、本雅明、德里达的历史与政治》,田明译,华东师范大学出版社 2009 年版。

60.[美]汉娜·阿伦特:《马克思与西方政治思想传统》,孙传钊译,江苏人民出版社 2012 年版。

61.[美]汉娜·阿伦特编:《启迪:本雅明文选》,张旭东等译,三联书店 2008 年版。

62.[美]汤姆·罗克摩尔:《黑格尔:之前和之后——黑格尔思想历史导论》,柯小刚译,北京大学出版社 2005 年版。

63.[美]汤姆·洛克摩尔:《在康德的唤醒下:20 世纪西方哲学》,北京大学出版社 2010 年版。

64.[英]戴维·弗里斯比:《现代性的碎片——齐美尔、克拉考尔和本雅明作品中的现代性理论》,卢晖临等译,商务印书馆 2013 年版。

65.[美]保罗·蒂里希:《蒂里希选集》(上、下),何光沪选编,三联书店 1999 年版。

66.［德］得特勒夫·霍尔斯特:《哈贝马斯传》,章国锋译,东方出版中心2000年版。

67.［英］杰弗里·巴勒克拉夫:《当代史学主要趋势》,杨豫译,上海译文出版社1987年版。

68.［英］约翰·斯道雷:《文化理论与大众文化导论》,常江译,北京大学出版社2010年版。

69.［英］约翰·基恩:《公共生活与晚期资本主义》,刘利圭译,社会科学文献出版社1999年版。

70.［德］汉斯-格奥尔格·伽达默尔:《哲学解释学》,夏镇平等译,上海译文出版社2004年版。

71.［英］安登尼·吉登斯:《历史唯物主义的当代批判、权力、财产与国家》,郭忠华译,上海译文出版社2010年版。

72.［法］雅克·德里达:《马克思的幽灵:债务国家、哀悼活动和新国际》,何一译,中国人民大学出版社1999年版。

73.［英］齐格蒙特·鲍曼:《现代性与矛盾性》,邵迎生译,商务印书馆2003年版。

74.［美］沃尔夫冈·霍尔等主编:《阿伦特手册:生平·著作·影响》,王旭等译,社会科学文献出版社2015年版。

75.［德］奥特弗里德·赫费:《康德生平与著作与影响》,郑伊倩译,人民出版社2007年版。

76.［美］马丁·杰伊:《法兰克福学派史》,善世联译,广东人民出版社1996年版。

77.［美］詹姆斯·施密特:《启蒙运动与现代性》,徐向东等译，上海人民出版社2005年版。

78.[英]雷蒙·威廉斯：《文化与社会》，高晓玲译，吉林出版集团有限责任公司2011年版。

79.[英]佩里·安德森：《西方马克思主义探讨》，高铦等译，人民出版社1981年版。

80.[英]保罗·鲍曼：《后马克思主义与文化研究》，黄晓武译，江苏人民出版社2011年版。

81.[英]特里·伊格尔顿：《马克思为什么是对的》，李杨等译，新星出版社2011年版。

82.[美]苏珊·桑塔格：《在土星的标志下》，姚君伟译，上海译文出版社2006年版。

83.[英]大卫·利奥波德：《青年马克思——德国哲学、当代政治与人类繁荣》，刘同舫等译，中山大学出版社2017年版。

84.[苏]艾·瓦·伊林柯夫：《马克思资本论中抽象和具体的辩证法》，孙开焕译，山东人民出版社1992年版。

85.[英]杰弗里·巴勒克拉夫：《当代史学主要趋势》，杨豫译，上海译文出版社1987年版。

86.[英]埃里克·霍布斯鲍姆：《如何改变世界：马克思和马克思主义的传奇》，吕增奎译，中央编译出版社2014年版。

87.[瑞]埃米尔·瓦尔特一布什：《法兰克福学派史：评批判理论与政治》，郭力译，社会科学文献出版社2014年版。

88.[德]罗尔夫·魏格豪斯:《法兰克福学派:历史、理论及政治影响》(上、下),孟登迎等译,上海人民出版社2010年版。

89.[德]毛姆·布罗德森:《在不确定性中游走:本雅明传》,国荣译,金城出版社2013年版。

90.[以]G.肖勒姆:《本雅明:一个友谊的故事》,朱刘华译,上海译文出版社2009年版。

91.[英]伊斯特·莱斯利:《本雅明》,陈永国译,北京大学出版社2013年版。

92.[美]弗雷德里克·詹明信著,张旭东编:《晚期资本主义的文化逻辑》,陈清侨等译,三联书店2013年版。

93.[英]特里·伊格尔顿:《沃尔特·本雅明:或走向革命批判》,陆汉臻等译,译林出版社2005年版。

94.[美]理查德·沃林:《瓦尔特·本雅明救赎美学》,吴勇立等译,江苏人民出版社2008年版。

95.[日]三岛宪一:《本雅明:破坏·收集·记忆》,贾倞译,河北教育出版社2001年版。

96.[德]弗雷德里克·黑特曼:《瓦尔特·本雅明——行囊沉重的旅客》,李士勋译,北京出版社2016年版。

97.[英]约翰斯·道雷:《文化理论与大众文化导论》,常江译,北京大学出版社2010年版。

98.[德]斯文·克拉默:《本雅明》,鲁路译,中国人民大学出版社2008年版。

99.[美]乔治·麦卡锡:《马克思与古人:古典伦理学、社会主义和 19 世纪政治经济学》,王文扬译,华东师范大学出版社 2010 年版。

100.[美]乔治·麦卡锡:《马克思与亚里士多德——十九世纪德国社会理论与古典的古代》,郝亿春译,华东师范大学出版社 2015 年版。

101.[德]西奥多·阿多诺、雅克·德里达等:《论瓦尔特·本雅明——现代性、寓言和语言的种子》,郭军等译,吉林人民出版社 2003 年版。

102.[英]霍华德·凯吉尔:《视读本雅明》,吴勇立等译,安徽文艺出版社 2009 年版。

103.[英]乔纳森·沃尔夫:《21 世纪,重读马克思》,范元伟译,清华大学出版社 2015 年版。

104.[美]威廉·巴雷特:《非理性的人》,段德智译,上海译文出版社 2012 年版。

105.[英]安德鲁·埃德加:《哈贝马斯:关键概念》,杨礼银等译,江苏人民出版社 2009 年版。

106.[德]德特勒夫·霍斯特:《哈贝马斯》,鲁路译,中国人民大学出版社 2010 年版。

107.[英]尼古拉斯·布宁、余纪元编著:《西方哲学英汉对照词典》,人民出版社 2001 年版。

108.[英]戴维·麦克莱伦:《马克思之后的马克思主义》,李智译,中国人民大学出版社 2017 年版。

109.[英]戴维·麦克莱伦:《马克思传》,王珍译,中国人民大学出版社2017年版。

110.王德峰:《哲学导论》,人民出版社2000年版。

111.吴晓明、王德峰:《马克思哲学革命及其当代意义——存在论新境域的开启》,人民出版社2005年版。

112.吴晓明:《形而上学的没落:马克思与费尔巴哈关系的当代解读》,人民出版社2006年版。

113.吴晓明:《马克思早期思想的逻辑发展》,云南人民出版社1993年版。

114.傅永军等著:《批判的意义——马尔库塞、哈贝马斯文化与意识形态批判理论研究》,山东大学出版社1997年版。

115.傅永军:《法兰克福学派的现代性理论》,社会科学文献出版社2007年版。

116.徐崇温:《怎样认识西方马克思主义》,重庆出版社2012年版。

117.余源培:《马克思主义哲学的理论与历史》,复旦大学出版社2000年版。

118.余源培主编:《时代精神的精华》(上、中、下),复旦大学出版社1992年版。

119.陈学明主编:《20世纪西方马克思主义哲学历程》(一、二、三、四卷),天津人民出版社2013年版。

120.俞吾金:《从康德到马克思——千年之交的哲学沉

思》,广西师范大学出版社 2004 年版。

121. 俞吾金:《实践诠释学——重新解读马克思哲学与一般哲学理论》,云南人民出版社 2001 年版。

122. 张汝伦:《现代西方哲学纲要》,上海人民出版社 2016 年版。

123. 张汝伦:《德国哲学十论》,复旦大学出版社 2004 年版。

124. 张一兵主编:《马克思哲学的历史原像》,人民出版社 2009 年版。

125. 孙正聿等:《马克思主义基础理论研究》(上、下),北京师范大学出版社 2011 年版。

126. 段忠桥:《重释历史唯物主义》,江苏人民出版社 2009 年版。

127. 汪民安:《生产》第 1 辑,广西师范大学出版社 2004 年版。

128. 汪民安:《什么是当代》,北京新星出版社 2014 年版。

129. 高宣扬:《哈伯玛斯论》,台北远流出版公司 1991 年版。

130. 何中华:《重读马克思:一种哲学观的当代诠释》,山东人民出版社 2009 年版。

131. 聂锦芳:《批判与建构:〈德意志意识形态〉文本学研究》,人民出版社 2012 年版。

132. 聂锦芳:《重读马克思文本及其思想》,中国人民大学出版社 2018 年版。

133. 赵勇:《整合与颠覆:大众文化的辩证法——法兰克福学派的大众文化理论》,北京大学出版社 2005 年版。

134. 刘北成:《本雅明思想肖像》,上海人民出版社 1998 年版。

135. 刘同舫:《马克思的哲学主题》,人民出版社 2017 年版。

136. 江天骥主编:《法兰克福学派——批判的社会理论》,上海人民出版社 1981 年版。

137. 倪梁康:《自识与反思:近现代西方哲学的基本问题》,商务印书馆 2002 年版。

138. 欧力同:《哈贝马斯的"批判理论"》,重庆出版社 1997 年版。

139. 曹卫东:《霍克海默集》,上海远东出版社 1997 年版。

140. 佘碧平:《现代性的意义与局限》,三联书店 2000 年版。

141. 薛华:《哈贝马斯的商谈伦理学》,辽宁教育出版社 1988 年版。

142. 汪行福:《走出时代的困境——哈贝马斯对现代性的反思》,上海社会科学院出版社 2000 年版。

143. 李明辉:《康德历史哲学论文集》,台北联经出版事业公司2002年版。

144. 罗晓南：《哈伯玛斯对历史唯物论的重建》，台北远流出版公司1993年版。

145. 阮新邦、林端主编：《解读〈沟通行为论〉》，上海人民出版社2003年版。

146. 曾庆豹：《哈伯玛斯》，生智文化事业有限公司1998年版。

147. 中国社会科学院哲学研究所编：《哈贝马斯在华讲演集》，人民出版社2002年版。

148. 吴苑华：《重建历史唯物主义研究——以哈贝马斯的理论为切入点》，天津人民出版社2014年版。

149. 贺翠香：《劳动·交往·实践——论哈贝马斯对历史唯物论的重建》，中国社会科学出版社2005年版。

150. 于闽梅：《灵韵与救赎：本雅明思想研究》，文化艺术出版社2008年版。

151. 上官燕：《游荡者，城市与现代性：理解本雅明》，北京大学出版社2014年版。

二、英文著作

1. Habermas, *The Philosophical Discourse of Modernity*. Polity Press, 1987.

2. Habermas, *Knowledge and Human Interest*. Beacon Press, 1971.

3. Habermas, *Theory and Pritice*. Bacon Press, 1974.

4. Habermas, *Communication and Evolution of Society*. Beacon Press, 1979.

5. Habermas, *The Theory of communicative Action II*. Beacon Press, 1987.

6. Hakermas, *The Philosophical Discourse of Modernity* Polity Press, 1987.

7. Habermas, *On the Logic of the Social Science*. The MIT Press, 1988.

8. Habermas, *Moral Consciousness and Communicative Action*. The MIT Press, 1995.

9. Habermas, *Time of Transitions*. Polity Press, 2006.

10. Habermas, *Postmetaphysical Thinking*. Polity Press, 1992.

11. David Held, *Introduction to Critical Theory: Horkheimer to Habermas*. University of California Press, 1980.

12. DavidIngram, *Julia simon-Ingram*, *Critical Theory-The essential Reading*. Paragon House, 1991.

13. David M. Rasmussen, *Handbook of Critical theory*. Oxford /Malden: Blackwell Publishers Ltd Ins, 1996.

14. Donglas Kellner, *Critical Theory: Marxism and Modernity*. Polity Press, 1989.

15. Fred Rush, *The Cambridge Companion to Critical*

Theory. Cambridge Press,2004.

16. Frederick. Beiser, *The Cambridge Companion to Hegel*. Cambridge Press, 1993.

17. Lewis Edwin Hahn, *Perspectives on Habermas*. Open Court Publishing Company, 2000.

18. McCarthy Thomas A. , *The Critical Theory of Jurgen Habermas*. Halliday Lithograph Corportion, 1978.

19. Rick. Roderick, *Habermas and the Foundations of Critical Theory*. London: Macmillan publishers Ltd, 1986.

20. Stephen K. white, *The CambridgeCompanion to Habermas*. Cambridge Press,1995.

21. Tom. Rockmore, *Habermas on Historical Materialism*. Indiana University Press, 1980.

22. William Outhwaite, *Habermas, A Critical Introduction*. Cambridge: Polity Press, 1994.

23. Jorge Larrain, *A Reconstruction of Historical Materialism*. George Allen&Unwin ltd. ,1986.

24. Bob Cannon, *Rethinking The Normative Content of Critical Theory*. Palgrave,2001.

25. Walter Benjamin, *The Arcades Projects*. translated by Howard Eiland Kevin Mclaughlin, Cambridge, Massach-usetts, and London, England: The Belknap Press of Harvard University Press,1999.

26. Gershom Scholem and Theodor W. Aaorno, eds., *The Correspondence of Walter Benjamin*, 1910-1940, trans. Manfred R. Jacobson and Evelyn M. Jacobson, Chicago and London: The University of Chicago Press, 1994.

27. Eli Friedlander, *Walter Benjamin, A philosophical Portiart*, Cambridge Massacbusetts, London, England: the Harvard University Press, 2012.

28. Uwe Steiner, *Walter Benjamin, An Introduction to His Work and Thoughts*, translated by Michael Winkler, chicago and london: the university of chicago press, 2010.

29. Martin Jay, *Marxism andtotality, the adventures from lukacs to habermas*, the Polity Press. 1984.

30. Norbert Bolz and Willem van Reijen, *Walter Benjamin*, translated by Laimdota Mazzarins, the Humanities press New Jersey. 1996.

31. Walter Benjamin, *Critical Evaluations in cultural Theory* (Volume III Appropriations), Edited by Peter Osborne. london and New York by Routledge, 2005.

32. Walter Benjamin, *Critical Evaluations in Cultural Theory* (Volume II Modernity), Edited by Peter Osborne. london and New York by Routledge, 2005.

33. Walter Benjamin, *Critical Evaluations in cultural Theory* (Volume I Philosophy), Edited by Peter Osborne.

london and New York by Routledge, 2005.

34. Jane O. Newman, *Benjamin'library: Modernity*, *Nation and the Baroque*, New Nork: Carnell University Press and Carnell University library, 2011.

35. Gershom Scholem and Theodor W. Aaorno, eds., *The Correspondence of Walter Benjamin*, 1910-1940, trans. Manfred R. Jacobson and Evelyn M. Jacobson, Chicago and London: The University of Chicago Press, 1994.

36. Hannah Arendt, *The Human Condition*. The University of Chicago Press, 1958.

三、研究论文

1. [德]克鲁格:《生产与交往——或马克思与哈贝马斯》,曹卫东译,《世界哲学》1993 年第 2 期。

2. [法]F. 费迪耶等辑录:《晚期海德格尔的三天讨论班纪要》,丁耘摘译,《哲学译丛》2001 年第 3 期。

3. [墨]W. S. 甘德拉:《本雅明批判理论中的历史概念》,谢静译,《学习与探索》2017 年第 5 期。

4. [德]汉斯-格奥尔格·巴克豪斯:《新马克思阅读的开端》,李乾坤译,《哲学基础理论研究》2016 年第 2 期。

5. [美]T. 洛克莫尔:《黑格尔与中国马克思主义》,《马克思主义与现实》2017 年第 3 期。

6. [加]道格拉斯·莫伽赫:《劳动:德国唯心主义与马

克思》,罗松涛译,《哲学动态》2016 年第 10 期。

7.[法]迈克尔·罗威:《作为宗教的资本主义:本雅明与韦伯》,孙海洋译,《国外理论动态》2013 年第 2 期。

8.[德]约恩·吕森:《我对历史哲学的几点认识》,《历史研究》2016 年第 3 期。

9.[美]R.沃林:《艺术与机械复制:阿多尔诺和本雅明的论争》,李瑞华译,《国外社会科学》1998 年第 2 期。

10.[意]R.贝洛菲尔、T.R.瑞瓦:《新马克思阅读——复归政治经济学批判于社会批判之中》,《马克思主义与现实》2015 年第 6 期。

11.[日]柄谷行人:《作为精神的资本》,《开放时代》2017 年第 1 期。

12.王德峰:《论马克思的资本批判的原则高度》,《江苏社会科学》2006 年第 6 期。

13.王德峰:《在当代境况中重读历史唯物主义》,《云南大学学报(社会科学版)》2015 年第 4 期。

14.王德峰:《论法兰克福学派的现代性批判的马克思主义方向》,《求是学刊》2004 年第 4 期。

15.王德峰:《从"生活决定意识"看马克思的哲学革命的性质》,《复旦学报(社会科学版)》2005 年第 1 期。

16.王德峰:《唯物史观在史学研究中的祛蔽作用》,《中国社会科学》2008 年第 1 期。

17.王德峰:《马克思意识概念和生产概念的存在论探

源——兼论海德格尔对马克思的批评》,《中国社会科学》2001 年第 6 期。

18. 王德峰:《马克思的历史批判方法》,《哲学研究》2013 年第 9 期。

19. 王德峰:《马克思的哲学批判与科学理想》,《云南大学学报(社会科学版)》2008 年第 1 期。

20. 傅永军:《现代性与社会批判理论》,《文史哲》2000 年第 5 期。

21. 傅永军:《哈贝马斯"公共领域"思想三论》,《山东社会科学》2007 年第 1 期。

22. 傅永军:《现代性与传统——西方视域及其启示》,《山东大学学报(哲学社会科学版)》2008 年第 2 期。

23. 吴晓明:《试论马克思主义的存在论基础》,《学术月刊》2001 年第 9 期。

24. 吴晓明:《重估马克思哲学革命的性质和意义》,《复旦学报(社会科学版)》2004 年第 6 期。

25. 吴晓明:《作为历史科学方法论的历史唯物主义》,《中国社会科学》2008 年第 1 期。

26. 陈先达:《历史唯物主义的史学功能——论历史事实·历史现象·历史规律》,《中国社会科学》2011 年第 2 期。

27. 俞吾金:《马克思对康德哲学革命的扬弃》,《复旦学报(社会科学版)》2005 年第 1 期。

28. 俞吾金:《自然辩证法,还是社会历史辩证法?》,《社会科学战线》2007 年第 4 期。

29. 张汝伦:《作为第一哲学的实践哲学及其实践概念》,《复旦学报(社会科学版)》2005 年第 5 期。

30. 孙正聿:《辩证法:黑格尔、马克思与后形而上学》,《中国社会科学》2008 年第 3 期。

31. 邓晓芒:《从哲学看宏观历史问题》,《湖北社会科学》2013 年第 1 期。

32. 邓晓芒:《论历史的本质》,《社会科学论坛》2012 年第 5 期。

33. 王晓升:《黑格尔历史哲学的扬弃与历史唯物主义的深化》,《中山大学学报(社会科学版)》2010 年第 3 期。

34. 王晓升:《从异化劳动到实践:马克思对于现代性问题的解答——兼评哈贝马斯对马克思的劳动概念的批评》,《哲学研究》2004 年第 2 期。

35. 王晓升:《评鲍德里亚对马克思主义劳动概念的批判》,《苏州大学学报(哲学社会科学版)》2009 年第 1 期。

36. 张一兵:《马克思与劳动意识形态——鲍德里亚生产之镜》的批判性解读》,《学习与探索》2007 年第 2 期。

37. 张一兵:《科学的批判的历史现象学——马克思经济哲学的本质》,《学术月刊》1999 年第 9 期。

38. 沈佩林:《〈资本论〉中范畴的逻辑顺序和历史顺序问题》,《中国社会科学》1981 年第 2 期。

39. 贺来:《历史唯物主义的辩证本性》,《中国社会科学》2012 年第 3 期。

40. 贺来:《站到"界限"之上:哲学前提批判的真实意蕴》,《学术月刊》2017 年第 1 期。

41. 郁建兴:《马克思主义文化理论与现时代》,《中国社会科学》2001 年第 6 期。

42. 杨耕:《历史哲学:从源起到后现代》,《学术月刊》2008 年第 4 期。

43. 刘小枫:《洛维特对历史进步观念的批判》,《安徽大学学报(哲学社会科学版)》2015 年第 6 期。

44. 刘小枫:《"历史的终结"与智慧的终结——福山、科耶夫、尼采论"历史终结"》,《贵州社会科学》2016 年第 1 期。

45. 何中华:《"进步"的神话及其危机——兼谈马克思哲学同进步论的区别》,《山东科技大学学报(社会科学版)》2007 年第 5 期。

46. 徐长福:《劳动的实践化和实践的生产化——从亚里士多德传统解读马克思的实践概念》,《学术研究》2003 年第 11 期。

47. 吕新雨:《在纪录美学中寻找本雅明的"灵晕"——吕新雨在浙江大学的讲演》,2015 年 5 月 8 日《文汇报》。

48. 傅有德:《犹太教的弥赛亚观及其与基督教的分歧》,《世界宗教研究》1997 年第 2 期。

49. 王凤才:《21 世纪世界马克思主义基本格局》,《学习与探索》2017 年第 10 期。

50. 王凤才:《国际学术前沿问题漫谈》,《黑龙江社会科学》2017 年第 1 期。

51. 刘同舫:《构建人类命运共同体对历史唯物主义的原创性贡献》,《中国社会科学》2018 年第 7 期。

52. 刘同舫:《启蒙理性及现代性:马克思的批判性重构》,《中国社会科学》2015 年第 2 期。

53. 刘同舫:《西方马克思主义的理论性质与中国意义》,《中国社会科学》2010 年第 5 期。

54. 梁树发:《国外马克思主义研究的几个方法论原则》,《中国图书评论》2008 年第 8 期。

55. 赵敦华:《批判哲学的马克思特色》,《北京大学学报(哲学社会科学版)》2018 年第 3 期。

56. 赵敦华:《马克思哲学何以是当代世界的哲学——"马克思哲学"的概念辨析、研究方法与现实意义》,《探索与争鸣》2018 年第 4 期。

57. 仰海峰:《文化理论:从马克思到西方马克思主义》,《北京大学学报(哲学社会科学版)》2017 年第 2 期。

58. 汪行福:《批判理论与劳动解放——对哈贝马斯与霍耐特的一个反思》,《马克思主义与现实》2009 年第 4 期。

59. 艾四林:《哈贝马斯对韦伯合理性理论的改造》,《求是学刊》1994 年第 1 期。

60. 欧力同:《交往的理论:马克思与哈贝马斯》,《上海社会科学院学术季刊》1993 年第 4 期。

61. 王雨辰:《西方马克思主义的学术传统与问题逻辑》,《中国社会科学》2010 年第 5 期。

62. 汪民安:《福柯、本雅明与阿甘本:什么是当代?》,《马克思主义与现实》2013 年第 6 期。

63. 王才勇:《灵韵,人群与现代性批判——本雅明的现代性经验》,《社会科学》2012 年第 8 期。

64. 张旭东:《从"资产阶级世纪"中苏醒》,《读书》1998 年第 11 期。

65. 郭广:《本雅明眼中的"巴黎拱廊街":一个辩证的现代性意象》,《马克思主义哲学研究》2014 年第 2 期。

66. 李秋零,田薇:《启蒙主义的历史进步论》,《中国青年政治学院学院学报》1994 年第 2 期。

67. 王南湜:《历史唯物主义何以可能——历史唯物主义之"历史"双重意义的统一性》,《学习与探索》2009 年第 5 期。

68. 安启念:《欧洲哲学史上的马克思》,《北京行政学院学报》2015 年第 5 期。

69. 陈学明:《回归政治经济学批判》,《哲学动态》2014 年第 9 期。

70. 任平:《马克思"资本批判"辩证视域的当代启示》,《哲学动态》2009 年第 4 期。

71. 郝立新:《历史唯物主义的理论本质和发展形态》,

《中国社会科学》2012 年第 3 期。

72. 陈治国:《关于西方劳动观念史的一项哲学考察》,《求是学刊》2012 年第 6 期。

73. 王庆丰:《如何理解马克思辩证法的“批判”本质》,《江西社会科学》2013 年第 10 期。

74. 李佃来:《重新理解历史唯物主义理论起源》,《理论探索》2017 年第 2 期。

75. 崔唯航:《重思“颠倒”之谜——从马克思对黑格尔的“颠倒”问题看辩证法的实质》,《南京大学学报(哲学·人文科学·社会科学版)》2009 年第 4 期。

76. 邹诗鹏:《青年马克思超越启蒙传统的理路》,《社会科学》2016 年第 11 期。

77. 薛华:《德国古典哲学与世界历史理念》,《学术月刊》2002 年第 10 期。

78. 童世骏:《正义基础上的团结、妥协和宽容——哈贝马斯视野中的“和而不同”》,《马克思主义与现实》2005 年第 3 期。

79. 孙承叔:《关于生活世界的哲学思考》,《云南大学学报(社会科学版)》2007 年第 5 期。

80. 胡大平:《历史唯物主义视域中的马克思主义人类学》,《武汉大学学报(人文科学版)》2016 年第 6 期。

81. 盛晓明:《哈贝马斯的重构理论及其方法》,《哲学研究》1999 年第 5 期。

82. 马拥军:《文化与经济的关系:西方马克思主义政治经济学批判的启示》,《西南大学大学学报(社会科学版)》2014 年第 2 期。

83. 夏莹:《从寓言式批判到意象辩证法:本雅明的拜物教思想研究》,《马克思主义与现实》2012 年第 3 期。

84. 郗戈:《重新理解"逻辑与历史相统一"——以〈政治经济学批判〉导言为中心的分析》,《马克思主义研究》2015 年第 1 期。

85. 贺翠香:《历史唯物主义的反思性——评哈贝马斯对马克思劳动观的批判》,《江西社会科学》2005 年第 9 期。

86. 王文臣、武凌竹:《马克思哲学劳动概念的当代争论及其意义》,《江苏社会科学》2010 年第 4 期。

87. 温朝霞:《本雅明的生产论美学再认识》,《马克思主义研究》2009 年第 6 期。

88. 纪逗:《本雅明的历史哲学思想对马克思唯物史观的回应》,《黑龙江社会科学》2012 年第 2 期。

89. 纪逗:《本雅明的历史观解读》,《马克思主义与现实》2008 年第 3 期。

90. 纪逗:《本雅明对马克思唯物史观的独特阐释》,《哲学研究》2014 年第 6 期。

91. 夏巍:《哈贝马斯历史唯物主义重建论的存在论视域》,《马克思主义与现实》2011 年第 2 期。

92. 夏巍:《论哈贝马斯对马克思实践意义域中的劳动

概念的批判》,《南京社会科学》2009 年第 8 期。

93. 夏巍:《哈贝马斯对社会权力的二元诠释——以马克思的存在论进行的一种解读》,《东岳论丛》2009 年第 8 期。

94. 夏巍:《波德莱尔到布莱希特——本雅明的文化救赎之路》,《学术交流》2016 年第 8 期。

四、学位论文

1. 纪逗:《论本雅明的历史和时间意识》,黑龙江大学博士学位论文,2011 年。

2. 蒋雯:《起源即目标——本雅明思想研究》,北京外国语大学博士学位论文,2016 年。

3. 郭广:《现代性的批判与救赎》,武汉大学博士学位论文,2015 年。

后　记

博士毕业至今整整十年间，我同三位哲学家有过较为深入的思想对话，他们就是本书涉及到的思想大师：马克思、哈贝马斯和本雅明。能够在他们的思想一隅驻足良久是一件极为幸运的事情，同时也是一项艰辛的劳作，意味着必须付出巨大的努力才能迎来真理的曙光。

选择将三位哲学家的思想交汇在马克思的历史唯物主义思想上，并且把重心放在历史唯物主义思想本身的阐发上，于我而言，是十分地水到渠成。首先，如果刻意去寻找三者共同的思想论域，或许这本就是一个非常好的选择。哈贝马斯和本雅明作为西方马克思主义思潮中在马克思主义当代发展方面所做贡献最大、最具原创性和影响力的学派——法兰克福学派的重要代表人物，他们都在传承和发展马克思历史唯物主义思想的一脉相承的维度上。再者，我个人的研究兴趣使然。可以说，我的学术研究真正的起步是从撰写博士学位论文开始的，然而对历史问题的哲学反思与探索的兴趣远早于这个时间。在山东大学哲学系就读本科期间，我就萌发了对这一领域问题进行研究的热切愿望。后来跟随国内著名的德国古典哲学、社会批判理论和诠释学研究专家傅永军教授攻读硕士学位期间，得到了导师的点拨与引导，以康德的历史哲学作为我硕士阶段主要的研究方向。在复旦大学哲学学院跟随国内著名的马克思主义哲学研究专家王德峰教授攻读博士学位期间，我又踏上了研习马克思的历史唯物主义思想的征程。导师在这一领域的研究见解独到，思想深邃，引领我进入马克思思想的历史存在论境域，在我看来，这的确为我开启了真正与马克思对话的一扇窗。自此，对马克思崇敬热爱之情与日俱增，至今兴趣未减。一定意义上来说，马克思已经成为我的“学术图腾”。即使到山东大学任教之后，虽着力在国外马克思主义研究这一学术方向上，尤其关注了哈贝马斯和本雅明的思想，但也始终没有脱离这一论域的问题开展研究。因此，这本书可以说是我多年学术情结的触发起意而作的。

在拙著即将出版之际，思绪翻涌，感慨万千。最想说的是：铭谢思想的给予，感恩生活的馈赠。谨在此向思想大师们致敬，向为拙著奠定坚实的理论根基的学术前辈和道中同仁们致敬，以表达我的无限景仰和钦佩之情。并向所有爱护我、关心我、支持我、帮助过我的人致以最诚挚的谢意！

特别要感谢的是我的两位导师傅永军教授和王德峰教授。两位恩师宽广的学术视野、深厚的学术造诣、严谨的治学风格一直都深深地感染和影响着我。没有恩师的谆谆教诲，悉心指导，我不会成长为能够独立开展科研工作的哲学社会科学工作者。两位恩师宅心仁厚,平易近人,既是良师,更是益友。每每在我困顿之际,是恩师的关怀、信任和支持,给了我莫大的力量。在今后的人生征程上,我自当更勤勉努力,不辜负恩师的殷切期望。

衷心地感谢我的父亲母亲,是他们给了我一切,也成就了我的一切。没有他们的无私奉献、大力支持和积极鼓励,在外求学工作之路不会这样一帆风顺。特别是对我已逝的父亲,心中始终有着难言的痛楚和遗憾。父亲离开的岁月里,他的慈爱,他的叮咛,依然充满着无穷的力量陪伴着我,带我前行。真诚地感谢我的爱人,他给予我的爱护与关怀令我倍感温暖,是我前进的极大动力。谨以此书献给我的父母和爱人。

本书能够得以问世,得益于教育部全国高校优秀中青年思想政治理论课教师择优资助计划项目暨教育部人文社会科学研究项目和山东大学青年学者未来计划项目的资助,也得益于山东大学出版社的大力支持,谨在此表示衷心的感谢。

由于学识和能力所限,拙著难免有疏漏和不当之处,恳请专家学者和广大读者批评指正。

夏　巍

2018年夏于泉城寓所